母语
课堂
—
Muyu Ketang

· 薛瑞萍母语课堂 ·

讲述课

薛瑞萍 著

江西教育出版社
·南昌·

图书在版编目（CIP）数据

讲述课 / 薛瑞萍著 . -- 南昌：江西教育出版社，2022.8
（薛瑞萍母语课堂）
ISBN 978-7-5705-3098-4

Ⅰ . ①讲… Ⅱ . ①薛… Ⅲ . ①阅读课 - 小学 - 教学参考资料 Ⅳ . ① G623.233

中国版本图书馆 CIP 数据核字 (2022) 第 102317 号

讲述课
JIANGSHU KE
薛瑞萍　著

江西教育出版社出版
（南昌市抚河北路 291 号　　邮编：330008）
各地新华书店经销
江西千叶彩印有限公司印刷
开本 700 毫米 ×1000 毫米　　1/16　　印张 15　　字数 195 千字
2022 年 8 月第 1 版　　2022 年 8 月第 1 次印刷
ISBN 978-7-5705-3098-4
定价：42.00 元

赣教版图书如有印装质量问题，请向我社调换　电话：0791-86710427
投稿邮箱：JXJYCBS@163.com　　电话：0791-86705643
网址：http://www.jxeph.com

赣版权登字 -02-2022-241
版权所有　侵权必究

总序
ZONGXU

把世界带进教室

一

"母语课堂"丛书初版于2016年。这次修订再版,将《诵读课》《吟诵课》更换为《薛瑞萍教学设计与实录》和《在家读诗》。如此,这套书就成为连续四届——连续17年的学习与工作记录。编辑希望我做一个说明,于是有了这一个总序、这段再回首。

二

遥想1997年暑假,第一次参加继续教育培训。一日上午,全科教师集中于合肥师范学校礼堂上大课。七八百名学员,齐聚一堂;没有空调的会场,热浪滚滚。

啊!那真是一个宽松、浪漫而野蛮生长的神奇年代。我怀念,我赞美!就在我满怀敬意的注视与谛听中,台上那位可敬的省教研员,她一边擦汗,一边声嘶力竭地讲。坐在后排的我,隔着滚滚热浪听见——越来越清晰地听见:

"……基础教育课程改革,试验……新课标,征集意见……教材只是个例子。教师和学生是平等的,师生与教材也是平等的。教师有权利对教材提出质疑,有责任引导学生在课堂上围绕教材展开讨论,并将其他丰富、优质的学习材料引进课堂。学生的大脑不是容器。他们需要的不是填充，而是激活和点燃……"

当时坐在后排的我，既想撇嘴，又想大笑；既想鼓掌，又想握手！教育本该如此！而我，一直都是朝这个方向努力的。只是没有得到过如此明晰、如此有力的引导，如此明晰、如此有力的支持。那一刻，是我职业生涯中的重要时刻。那年我32岁。

下课了，我逆人流而上挤到后台，想与老师继续交流。老师一边擦汗，一边鼓励："最好把你的做法记录下来，你也可以投稿。课程改革的关键是教师……"

被唤醒，被激活，被摇撼；发誓求真知，讲真话，做真教育；发愿在追逐理想的路上走到底。那些年，有过类似体验的青年教师太多。《薛瑞萍教学设计与实录》记录的是2004年春季第12册语文的教学，是一个教师的个人记录，是"课程改革那一届"的成长总结，也是时代的一道辙痕。

之后的岁月里，每当我感觉孤独虚无，怀疑付出与努力是否值得的时候，就会忆起那天上午的大课，同时想起1932年6月毕业季，胡适先生《赠与今年的大学毕业生》中的一番话：

> 我们要深信：今日的失败，都由于过去的不努力。我们要深信：今日的努力，必定有将来的大收成。
>
> 佛典里有一句话："福不唐捐。"唐捐就是白白地丢了。我们也应该说："功不唐捐！"没有一点努力是会白白地丢了的。在我们看不见想不到的时候，在我们看不见想不到的方向，你瞧！你下的种子早已生根发叶开花结果了！
>
> ……………
>
> 朋友们，在你最悲观失望的时候，那正是你必须鼓起坚强的信心的时候。你要深信：天下没有白费的努力。成功不必在我，而功力必不唐捐。

三

之后，就是"心平气和的一届"。

《薛瑞萍读教育理论》和《薛瑞萍教育教学问答》都完成于2004—2010年，写作时间与"班级日志"重合。被点燃的人，连自己都怕。

"德之不修，学之不讲，闻义不能徙，不善不能改，是吾忧也。"孔子的意思是，除非你能够讲出来，并且落实到行动上，否则就不算是真的理解，真的在学。

《薛瑞萍读教育理论》就是这样一个求真知的记录。因为这些读书笔记，我结识了很多热爱钻研的同道；我们结成了真实不虚的"成长共同体"，体验着"以文会友，以友辅仁"的大快乐。

四

《薛瑞萍教育教学问答》则不同，是在朋友的鼓励和催促之下编织出来的——缘起于讲座中经常遇到的提问，回答涉及母语教学、班主任工作、家庭教育等诸多问题。相当于一本"实用手册"、一个工具箱，是一个建议、参考的意思。然而绝没有想到的是，《薛瑞萍教育教学问答》竟然广受欢迎。

2010年9月，回头带一年级。新生家长会上，我亲爱的搭档——教数学的王祥玲老师宣布《薛瑞萍教育教学问答》为本班家长必读书。"这本书我读过，我和薛老师是一条心。有不明白的，先读《薛瑞萍教育教学问答》。书里说过的，不要再来问！"

王老师做得对吗？我不确定。事实上，王老师做了一件我想做而不好意思做的事情；事实上，到了"这一届"，不少做法有所调整、有所改进。结果是，2010—2016那六年，我俩带得太顺心了。孩子以及家长都说：王老师好比严父，薛老师好比慈母，这个班好比一个大家庭。

"这一届"也即"太顺心的一届"，人数大约是点名册上的三倍。因为阅读，"我们班"向来包括孩子父母，乃至留守儿童的爷爷奶奶；

连接和聚拢我们全体的，是那些美丽的诗篇、伟大的书。

五

"心平气和的一届"的"班级日志"是一部流水账。到了"太顺心的一届"，钻研和记录变得相对严谨，于是有了成体系的《写作课》《讲述课》《诵读课》《吟诵课》。

《诵读课》《吟诵课》的课题都是经典教育。时过境迁，之后的《薛瑞萍教古诗》《薛瑞萍教童谣》《薛瑞萍教童诗》《薛瑞萍读飞鸟集》以及这套书中的《在家读诗》，都是同一课题更深入、更贴近孩子的探索与记录。所以此次再版的时候，字字皆辛苦的《吟诵课》《诵读课》如笋衣一样，随新竹拔节而自然脱落；又如落红，化作春泥更护花。

"岁寒，然后知松柏之后凋也。"松柏岂不落叶？它只是在凋落的同时，不断生出新叶而已。教育是对成长的迷恋。除非自身成长，日有所进，否则教师如何服务孩子成长？

六

讲述，实在是一个太过重大的课题。

人类学有一个说法，智人取代尼安德特人的原因不在于体力，也不在于智力，乃是因为智人是一种善说故事的物种。故事带来凝聚力、想象力。

果如是，则这种讲述在中国至迟从战国时期就开始了。夸父追日、精卫填海、黄帝战蚩尤、神农尝百草、舜耕历山、大禹治水……这些故事的滥觞，也是华夏文明的重要起源。

从类比的角度看，智人和尼安德特人的差别大约相当于地球人和三体人的差别。在《三体》中，云天明用以拯救地球人的终极武器，恰是讲述。三个童话，是三个密码本。

讲述对于人类是如此重要，如此生死攸关，以至于能够如其所是地阐明讲述之力的，只有讲述本身。《一千零一夜》中，山鲁佐德夜复一夜的讲述，挽救了自己及众多女孩的性命，更拯救了残暴的国王。故事让国王得到疗愈，重新获得理性与爱的能力，重生为人。这才是终极拯救。

在《一千零一夜》这个故事中，山鲁佐德讲故事的智慧成功吸引了国王听故事的兴趣！所以我们可以说：讲述带来疗愈；一个人只要他对故事还有需求，就还有救。

故事是纽带、清泉、忘忧草。有些时候，故事还可以是烈火，焚尽不赦的罪恶。不信，请诵鲁迅先生的《故事新编》之《铸剑》，《庄子》之《逍遥游》；伊塔洛·卡尔维诺之《看不见的城市》，厄休拉·勒古恩之《一无所有》；阿城之《遍地风流》，何大草之《春山》……它们所演绎的，都是讲述的力量。一个民族，无论物质如何丰富，若是不能源源不断地产生好故事以滋养其共同体中的成员，终究是贫乏的、孱弱的、可怜的。

《乡村教师》就是一个绝好的故事，写作《乡村教师》的刘慈欣老师就是一位超级讲述者。刘慈欣擅长将现实和科幻无缝对接，擅长弥合现实与神话的隔阂。小说中那位身患绝症的乡村教师，临终前以口述的方式命令娃们背诵牛顿三大力学定律——老师就要死了，再也来不及讲解。这时娃们背诵的，其实是埋藏于体内等待燃烧的宇宙精煤。

如果生命允许，那位乡村教师一定会透彻地讲解牛顿三大力学定律，并讲很多故事：神话、童话、民间传说、经典名著、科学家传记。

"他们有一种个体，有一定数量，分布于这个种群的各个角落，这类个体充当两代生命体之间知识传递的媒介。"

"听起来像神话！"

"他们叫教师。"

讲述是教师的基本功，此乃常识。在我看来，语文教师不爱、不会讲故事，是匪夷所思咄咄怪事。《讲述课》是关于"说什么"和"怎么说"

的课程探索。一个例子而已。到"依依不舍的最后一届",具体做法又有所调整,这是再自然不过的事情。

七

《写作课》的目的很单纯,就是想帮到那些焦虑的父母,那些被"囚禁"在写作培训班的孩子。先做读写人,再教读写课。《写作课》也是一名四十多年读写不辍的读写人关于读写的分享。

"太顺心的一届"毕业了,回头带"依依不舍的最后一届"。这时候班主任已经换人,但是王老师的教育勇气却被我"继承"了下来。二年级下学期,我要求孩子人手一本《写作课》。

"这是上一届大哥哥、大姐姐们的成长故事。不着急,你们慢慢看,需要的时候看。到了几年级,就看几年级的内容。你们报别的学科培训我管不着,有了这本书,语文就不必再上任何读写班,也不必再买任何作文选。有功夫宁可到户外玩耍,宁可阅读班级图书!"

家长、孩子个个欢喜。因为整个小学阶段,孩子们遇到的写作课题、写作困难基本相同;因为《写作课》提供的示范和陪伴,是那样的真实、亲切——真实、有力。

相比于《写作课》,《亲爱的汉修先生》才是本班孩子的写作宝典。这也是王祥玲老师阅读的第一本儿童文学经典读物。王老师哭着说:"哎呀,薛呀,太感人了!我觉得鲍雷伊爸爸也挺可怜的,我希望鲍雷伊的妈妈让他回家。"

"你去问问孩子们吧!"我如是答。

八

在家读诗,是我从中学到今天不曾间断的生活方式,如呼吸一样自然。所以那样热切地带着孩子及家长做经典阅读,那样不遗余力地建设书香班级、书香家庭。归根到底,是想为自己找到同伴,找到灯。

感恩一届又一届孩子的陪伴!

又是毕业季。今天是我"太顺心的一届"孩子高考的日子；到9月，我带的最后一届宝贝也要升初中了。一代人有一代人的挑战，一代人有一代人的使命。2022年太不寻常。孩子们啊，老师为你们读诗，为你们祝福：

火　车

贾希特·塔朗吉　余光中／译

去什么地方呢？这么晚了，
美丽的火车，孤独的火车？
凄苦是你汽笛的声音，
令人记起了许多事情。

为何我不该挥舞手巾呢？
乘客多少都跟我有亲。

去吧，但愿你一路平安。
桥都坚固，隧道都光明。

九

"学生的大脑不是容器。他们需要的不是填充，而是激活和点燃。"这是常识。学生如此，教师何尝不是？如同创业从来都是持续创业，点燃——也从来都是持续点燃。最后，摘几段话送给亲爱的同行们——

我的脑海里经常回荡着几百个老师焦急的声音，他们在问我："你如何判断，如何确定孩子在学习什么东西呢？甚至他们是不是在学习呢？"答案很简单，我们无法判断，尽管我们不能确定。我对于教育的看法建立在一个信念之上，尽管有很多证据可以支持这个信念，但我无法证明，可能永远也证明不了。这可以称之为"信仰"，这个信仰就是人天生是学习的动物。鸟儿会飞翔，鱼儿会游泳，人类会思考和学习。

因此，我们不需要通过哄骗、贿赂或者恐吓去"推动"孩子学习。我们不需要不断地刨开他们的头脑以弄清楚他们是不是在学习。我们需要做的——唯一需要做的——就是尽我们所能地把这个世界带到学校和教室，给孩子们需要的及他们要求的帮助和指导，然后就走开。我们要相信他们能做好余下的事情。

（约翰·霍尔特《孩子是如何学习的》）

把世界带进教室。这是我们唯一需要做的事情。

其他一切，交给祈祷和信仰吧。

初稿于 2022 年 6 月 7 日

定稿于 2022 年 6 月 16 日

序言
XUYAN

讲述·阅读·阅读课程化

一

连续性是第一重要的教育原则。

班级阅读课程化是对连续性原则的落实，是对真实成长的迷恋。在今天，六年级即将结束的时候——关于阅读课程化，教师总结如下：

（1）经典诵读。以经典的诗性文本为材料，六年一贯，日有所诵。

（2）自由阅读。建立班级书库，蓄起班级生活"清洁而丰沛的精神泉源"，保证孩子每天早晨都能自由借阅一本图书。书款募自家长。一至六年级，借阅没有登记手续。造成图书污损或者丢失的孩子会自动赔偿5元钱。实践证明：只有信任才能培养出值得信任的书香少年、书香班级。

（3）故事讲述。一至五年级，一周一个故事。周三初讲，周四重讲。前五个年级均有主题：一、二年级，以图画书为文本的中国老故事；三年级，成语故事；四年级，和植物有关的希腊神话；五年级，从"商汤灭夏桀"到"孔子兴学"的一段中国历史。这本书就是一至五年级的讲述记录。

（4）诗词吟诵。

讲述是阅读课程的一部分。

二

因为眼睛的原因，六年级停止写作。下面说说六年级的讲述。

上学期还是一周一个故事，但已经不讲两遍，也没有主题。一方面，因为有主题的讲述实在辛苦；另一方面，自己也开始怀疑成人想象、编织出来的"主题"或"系统"，是否和这一阶段孩子的真实需要有关。

然而孩子喜欢听故事却是毫无疑问的！这就是讲述的最大理由。学习是辛苦的，孩子不可能跟着不喜欢的老师辛苦学习。做正确的事情，努力赢得孩子的喜欢、孩子的努力，是教师明智的选择。

讲述话题有时来自课文。比如缘起于《船长》的"'泰坦尼克'号的沉没"——

> 凌晨0时15分，"泰坦尼克"号发出呼救信号。很多大西洋上的船只都收到了求救电报，都在加速向出事地点赶来。这些轮船最快也要3小时后才能赶到，那时"泰坦尼克"早就沉没了！然而，18海里外的"加利福尼亚人"号却对此浑然不知，因为收发报员已经关掉电报机睡觉去了。凌晨0时45分，第一艘救生艇放下。船上发射了第一枚遇险火箭，一片闪亮的白色火星升起又缓缓落下。这一回，"加利福尼亚人"号看见了，他们甚至知道"烟花"就来自附近的"泰坦尼克"号。船员们仰望夜空，以为那是"梦幻之船"或"海上城市"举行的焰火晚会。他们绝对想不到——那是沉没之前的求救信号！因为所有人都坚信："泰坦尼克"号是不可能沉没的！

说到这里，教师的声音哽咽了。教室里安静至极，有孩子低下头去，默默落泪。

讲述内容有时来自阅读。比如李玉龙先生主编的《读写月报：新教育》里的《我们应当为生活中的某些事感到羞愧》。

图画书总是深受欢迎的。那一天，讲完《好饿的小蛇》，老师随即问："为什么我要讲这本书？知道的就是我的知音。"

"这条小蛇好勇敢。"

"它也太能吃了！"

"老师想起了《好饿好饿的毛毛虫》！"

"这条蛇让我们为它担心。"

"老师啊，您是不是属蛇？"

一片兴奋中，王林森说："老师，您就是那条小蛇，一次次吞进去的食物，就好比您读的一本本书。"

这样的议论时刻不多。看云确信：讲述，尤其是第一天的讲述，老师应当努力让孩子睡进故事，从而让故事成为种子，睡进孩子心田。看云认为，迫不及待的讨论，是教师挥动"分析的利刃"在杀死故事。

比起分析、比较、"唤醒思维"，看云更相信故事本身的力量。

那么故事的力量是什么？先说不是什么。故事的力量不是教师经由设计、诱导、催生出来的"显性"的感悟，故事的力量甚至也不是孩子将来想起某个故事，从而获得教益。那只是"故事力量"显性且极小的一部分。事实上，多数孩子不久就会忘记故事的具体情节，然而——聆听时刻恍如亲临的画面感、仿佛身受的震颤感，必会如晶片般零星却牢固地沉淀在孩子们的心里面。这就要求教师够沉静，够稳定，不要急于卷起思辨的狂潮，让本该沉淀的"静默的体验"瞬间化为语词的泡沫、风中的尘埃。

最好把这些宝贵且注定没有"主题"、不成"系列"的沉淀比作《永远讲不完的故事》之"图画矿山"里的那些层积的云母图片。"这是整个幻想王国的基础！"还记得吗？正是困在冰片里的那个"痛苦的牙医"让巴斯蒂安心头一热，从而引导这个"忘记名字的男孩"找到生命之水，找到真实的心愿。

聆听是吸收，讨论是呼出。而吸收和感悟都需要时间、需要等待。在今天看来，从前很多迫不及待的讨论，好比丑蛾子施拉姆芬的喧嚣，以看得见的"生成"，震碎脆弱的云母图片——很多真实而珍贵的东西是深埋着的，看不见的。

三

讲述的第二个理由是希望经由讲述，把孩子引进阅读以及对于经典的反复阅读。在我们班，目前大受欢迎的经典是"经典连环画系列"：《三国演义》《东周列国志》《西汉演义》《中国历史人物故事》《西游记》《成语故事》……这是看云在这里敢于不说中国故事的原因。

有些书我们会在教室里反复说起。于是到了六年级下学期，讲述开始变得更加即兴、零星，也更加频繁。不知不觉中，坚持了五年半的讲述节奏化解了。

以下文字选自孩子近期的周记，是我讲也讲不完的阅读故事。

  在书中，我最喜欢小男孩迪肯这个角色。他热爱自然、关爱小动物，能听懂动物说话，也能让小动物毫无戒备地跟随着他。他帮助玛丽把秘密花园打理得井井有条，他让玛丽变得美丽、可爱、乖巧，他也让柯林变得健康、阳光，像一个正常的男孩子一样。迪肯简直是世界上最伟大的男孩子，也是世界上一个奇迹的诞生。他是我们的榜样。

  当玛丽刚来到米塞尔斯威特庄园的时候，她蛮横无理、又瘦又小、孤立冷漠。但当她发现秘密花园之后，她变得热爱自然，喜欢打理秘密花园了。

  书的结尾也是我所没想到的。其实柯林的腿并没有瘸，那时候的人们非常地无知，父亲腿瘸了，儿子也肯定一样。柯林病恹恹的只是因为没有到户外活动过。

（潘已欣《也是我的花园》）

  "打不垮"是硬汉圣地亚哥的特点。譬如说，他在与大马林鱼搏斗时，相持了大半天时间，左手一直抽筋，像蜷曲的鹰爪，右手被线绳勒得出血。他把手浸在海水里说："不坏，痛苦对一个男子汉来说不算什么。"这也许是对我们班某些男生讲的。在与大马林鱼搏斗的最后关头，他头晕目眩，仍自言自语："不过你嘛，你是永远不会垮的！"海明威把世界化成一个竞技场，任何英雄的行为都是可以实现的。作品中说，一个人可以被毁灭，但不能被打败。真正的硬汉是敢于向命运、向自然、向失败挑战的人。他可能在拼搏中一次又一次失败，但他的精神是永远不会垮的。

在小说快结尾时，作者海明威故意安排了一个情节：老渔夫的孤独与失败被一个孩子理解，老人留给孩子的是"打不败"的精神！这个结尾似乎有点儿凄凉，但小说带给我的那股冲动是抹不去的。

虽然我是女生，但我还是要对自己说："做个硬汉！"

（奚悦扬《做一个硬汉》）

"是你？简，真的是你？你是来看我的，没有想到我们变成这样，嗯？哼！怎么哭了？用不着伤心，能待多久？一两个钟头？别走，嗯？难道你有了性急的丈夫在等你？"

每当读到这里，我就破涕而笑。哭是因为他们两个重聚在一起，笑是因为罗切斯特那骄傲的字眼"嗯？""哼！"还有那嘴上很硬其实心里很热诚的"能待多久？一两个钟头？别走"，还有罗切斯特那酸酸的语气。嗯哼！对，我们可以认定他吃醋了。其实也只有爱人爱到很深很深的地步，才会这样忍不住地流露出吃醋的语气。

虽然开头尽是简·爱被虐待的场景，但到后来，简·爱用她高尚的人格魅力收获到了这份真爱，真是苦尽甘来，也是对所有为自己容貌而焦虑的女孩子的激励。

最后，我要感谢语文课本和薛老师的推荐，不然我不会这么早就读到这样的经典。

（程嘉玲《〈简·爱〉读后感》）

"不论我活着，或是我死掉，我都是一只快乐的飞虻！"

这是书的结尾处牛虻写给琼玛信中的小诗。原来牛虻一直爱着她！而琼玛这时才知道一切，才发现自己心中一直有个地方被牛虻占据——即使他已死去。

然而我觉得在《牛虻》这本书中，琼玛并不是第二号重要角色，蒙太尼里才是。作为生父，蒙太尼里是爱牛虻的，然而蒙太尼里最终选择了上帝。最后蒙太尼里发疯并且死去，因为他亲眼看见了牛虻是如何被枪决的。他的上帝导致他失去了爱人和儿子。然而在内心深处，牛虻始终都是爱着蒙太尼里的。他渴望着父爱。

还有一个人物令我颇为在意和同情，那就是后来跟随牛虻的吉普赛女郎绮达·莱尼。她是爱牛虻的，但是牛虻并不爱她，所以她最后跟一个罗马族男子走了。但这只是一个老太婆的口信，直到结尾我也不能确信这是真的。

（王曼林《〈牛虻〉读后感》）

老师说读过《窗边的小豆豆》就不能不读《兔之眼》。

《兔之眼》这本书是我最喜欢的几本书之一，我已经看了五六遍啦！

我一看到这本书的封面就喜欢上了它！因为它不像有些书那样封面十分精致，让人觉得不像手工画出来的。而这本书，封面一看就是纯手工制作的，十分养眼，十分有力量。其中令我最感动的是第21篇《我的鼻子发酸》。令我也鼻子发酸的是铁三的作文，是这样写的——"我紧紧盯着看。然后，又紧紧盯着盒子里看。出来红色的家伙。我鼻子发酸。就像喝了汽水那样。我的心一紧。我喜欢红色的家伙，也喜欢小谷老师。"当我读到这里，不禁感慨：小谷老师的关心终于使铁三敞开了一点儿心扉呀！

（李想《鼻子酸酸的》）

这本书的主人公叫格得，他天生就有法力，他曾用迷雾阵赶走了强盗，但格得想拥有更高的法力，所以他选择离开家乡，去传说中的巫师学院学习法术。他的老师是欧吉安，格得经过很长时间的训练，学会了很多法术。有一次他无意在书上看到一种召唤亡灵的巫术，他试了一下，结果他召唤出了自己的影子，然后这个黑影把格得打成了重伤。大法师尼摩尔用自己的生命救了他，但格得的影子没了，所以他要找回自己的影子，这样，他才是一个完整的人。

接下来格得一直在找他的另一半，直至追到了世界终结之处，终于合二为一。

最让我热血沸腾的是这一段："格得在世界终结处，大声喊出了自己的名字，黑影也一样，光明与黑暗相遇、交会、合一。"

（尤毅晗《〈地海巫师〉读后感》）

《三体》是我这几天才读完的。读完《三体》，我对它产生了许多疑问：

刚开始，一直在汪淼眼前的那一串数字是干什么的？那个倒计时结束时会发生什么？是地球毁灭了还是三体文明到达地球？

叶文洁和三体文明到底有什么关系？在书中我看到只要说到三体文明，叶文洁的名字就会出现，难道她是三体文明和地球的联系器？

书中有许多地方提到了"三体"这个游戏，我想知道汪淼他们进入"三体"游戏时，是否真的进入了三体世界，还是根据每个人的程度进入不同的程序？

还有一个问题，就是三体人是通过什么手段来改变太阳系的？

（王林森《我读〈三体〉》）

今天是星期六，我一个人在家。早上，妈妈帮我下了一锅面条，加了一点儿青菜，对我嘱咐又嘱咐："水和电不要碰啦，煤气不要开啊。"然后爸爸又打电话来，把妈妈的话原模原样地说了一遍。妈妈上班以后，我一个人独自在家的旅程就开始了。我先听了一段英语磁带，然后就看《地海传奇2：地海古墓》，我看着看着，突然尖叫起来，想要偷回宝物的那个男人竟然叫雀鹰。雀鹰这个人不是《地海传奇：地海巫师》里的一个人物吗？他怎么会出现在这本书里面呢？我思索了一会儿，明白了，也许这一套书是连在一起的故事呢？我突然感到口渴，倒了一杯水喝了，又接着读下去。心里暗暗盼着爷爷奶奶快点儿回家。

（高浩然《爷爷奶奶上坟去了》）

四

"高浩然，当你尖叫的时候，雀鹰和恬娜有没有听见，并且回过头来看你？"

"没有，啊……绝对没有！"

"幸好没有！"

"要不你就进到地海了！""那你就出不来了。""你可不一定有巴斯蒂安幸运哦。""毕竟阿特莱尤只有一个！"大家七嘴八舌地说。

也许，只有在几乎全体读过《永远讲不完的故事》的我们班才会出现这样的场景。

请不要当这是讨论。这只是从故事到故事的自然联想，自然生长。

我的孩子都是热爱阅读的，他们中的佼佼者已经具备相当程度的经典阅读力。

而我为他们做的，只是讲述。

2016年4月20日

目录 MULU

一年级

第一本：《盘古开天地》 / 003

女娲·神话·童年 / 005

《夸父追日》讲述记录 / 009

师生对话《两棵树》 / 012

《小石狮》朗读记 / 016

兔年大吉《灶王爷》 / 019

讲述《清明节的故事》 / 022

《三个强盗》进教室 / 025

朗读《一粒橡子的奇遇》 / 027

处处都端阳 / 029

二年级

中国故事·老天娘 / 035

"你是不能看的"
　　——《爱菊花的人》讲述后记 ／ 038

有意识的节奏和无意识的吸收
　　——《会听鸟语的公冶长》讲述后记 ／ 041

让宝珠回到江海 ／ 044

《舞会皇后》朗读记 ／ 048

一切奇遇，乃必然之事
　　——《大禹锁蛟》朗读心得 ／ 053

点亮心中的神灯
　　——《魔奇魔奇树》朗读速记 ／ 057

"老师今天怎么没有讲重复的故事呢？"
　　——《王羲之的故事》之外的故事 ／ 060

讲述"夏启的故事" ／ 062

巫山、地海和《人学》 ／ 065

感觉像是进了教堂
　　——关于《凯迪克与凯特·格林威图画书精选集》／ 070

三年级

"老人与大象" ／ 081

第一篇文言文：《季札赠剑》 ／ 087

最强大的勇士 ／ 093

大白若辱、大方无隅 / 095

三个儿子 / 098

关于蔡伦的艰难讲述 / 101

这就是屈原！ / 105

从《正男》到《窗边的小豆豆》
——兼谈整本书阅读引领 / 110

四年级

希腊神话故事讲述记（一） / 119

希腊神话故事讲述记（二） / 126

希腊神话故事讲述记（三） / 131

《科瓦奇讲植物》讲述记（一） / 137

《科瓦奇讲植物》讲述记（二） / 142

有感而讲，触动全人 / 148

达不成的心愿和讲不完的故事 / 153

生命之泉 / 159

"最重要的植物"VS"我和植物的故事" / 161

希腊神话中的植物（上） / 163

希腊神话中的植物（中） / 172

希腊神话中的植物（下） / 175

五年级

主题：中国历史故事 / 183

可怕的讨论 / 187

很累很累的讲述 / 193

卸下讲述的负担 / 199

这正是历史的迷人之处 / 206

这就是霸主 / 209

养由基和孙叔敖 / 212

从伍员到孔子 / 214

一年级

YI NIANJI

第一本：《盘古开天地》

星期四下午，朗读"幼学启蒙"丛书中的《盘古开天地》。

这是本班的第一本图画书。说实话，我不敢期待他们有很好的反应。因为这书不够童趣。然而，第一本图画书，我一定要讲中国古代神话。

朗读之前，板书书名。习惯性地，学生随教师指点诵读三遍："盘古开天地，盘古开天地，盘古开天地。"

"这个故事我知道。""我也听说过……"两个声音在说，但教室很快安静下来，因为老师打开书页，开始朗读了。

下面发生的事情，我不想在这里叙述。两日来，我已经将那氛围向身边同事、远方朋友讲过多次。此时此刻，浮现在眼前的，是孩子们努力伸长的脖子、一动不动的坐姿以及目不转睛的眼神，他们被震撼了。而我，则因他们的"被震撼"而震撼，而觉悟。

星期五上午，又朗读了一遍《盘古开天地》。令人吃惊又感动的是：孩子们的专注不但不减，甚至更加深刻。

这回我读得很细。光是板书（边读边写，就当他们认识）就有：

　　　　　　　　环衬

　　清而轻——天　　　浑而重——地

　　风　云　雷　　　　太阳　月亮　星星

　　花草　树木　　　　高山　江河

"老师老师，《盘古开天地》哪里能买到？"好几个学生急切地问。无疑，他们都有很好的父母，他们的父母都是很好的爱书人。

"《盘古开天地》《共工触山》《女娲补天》《夸父追日》……一年级是特殊敏感期，孩子在入学之初接触到的东西，一定会在他们心中留下深刻的印象，成为种子，我就是要让中国古代神话成为他们永久的记忆、深埋的种子。我们是中国人，我们教的是母语。母语当然有她成长发展的一面，然而，成长发展的前提，是扎根大地。这叫接地气！《爷爷一定有办法》《失落的一角》《爱心树》《达芬奇想飞》……我也会讲的，六年呢，有的是时间！"

　　回到办公室，我向李君华庄严宣布。

　　　　小学一年级学拼音对吗？不必说中华民族的孩子入学开始学的不是自己的文字而是 a、b、c，不必说过早学拼音，过多依赖拼音对学生感悟母语、接受民族文化熏陶所带来的缺欠与伤害，就从学生的年龄、知识结构来说，过几年再学拼音不是可以省时省力得多吗？这个问题这里不能细说，而且课本就是那么编的，但我还是建议薛瑞萍和其他老师们根据实践进行再思考。

　　这是《心平气和的一年级》序言的结束语，作者是张翼健老师。张老师是玫瑰（窦桂梅）的师傅。

　　想起儿子因为《365 夜儿歌》认识了 1000 多个汉字，他是先有阅读能力然后才上学的；想起每一届的佼佼者，其实都在学前认识了很多汉字，然后才学拼音的。一个孩子，如果真的主要靠 a、o、e 和 b、p、m、f 才能"认识"汉字，那么他将永远不能真正地"认识"汉字。而他对于母语的感觉，也将永远隔了一层薄膜。

　　一年级语文教师，就是要将拼音教学的薄膜撕开一个口子，让孩子于入学之初就与汉字及民族文化发生亲密的接触并不断渗透。这叫接地气。

　　实践，思考。我发愿：决不辜负张老师的期待。

2010 年 9 月 10 日

女娲·神话·童年

一、探险

"《共工触山》讲得有点累。学生的反映没有听《盘古开天地》那么震撼。为什么呢?"

"图太乱,人物也太多!又是水神,又是火神,还有什么共工、祝融,我敢说,就是老师,清楚这段故事的也不多。"李君华说。

今天要讲"幼学启蒙"丛书中的《女娲补天》,不知道结果怎样。然而,恰是这"不知道",给教师带来期待、刺激。有点像探险呢!

二、讲述

回顾《盘古开天地》《共工触山》,重点是后者。"水神共工""火神祝融""不周山"……边说边板书,孩子们劲头十足!今日"记忆中"的《共工触山》居然比当初"看得见"的《共工触山》更有吸引力。

"不周山倒了,天破了,地陷了。大地上灾害不断,有——"

"洪水""森林大火""泥石流""火山爆发""海啸""地震""塌方""山体滑坡"……七嘴八舌蹦出来的词,其实都是老师上次教给他们的。

"于是,又出现了一位大神,担负起补天和拯救人类的责任。她是我们全体人类的母亲。"

"女娲娘娘!"一个孩子亲切地喊。

"女娲造人,女娲补天!"一个声音接着说。

看封面,读书名,随老师指点瞻仰女娲补天的形象。翻页,"环衬!"

几个孩子喊。"哦,为什么环衬是这个样子呢?读完你们就知道了。"

书名页上有两个手拉手的小人儿,"这两个小人儿,是木刻的还是泥捏的?"教师暗示性地问。"泥巴捏的!"

"……刚开始的时候,女娲捏的是一个一个的人。很多年过去,这些人都老了、死了,眼看就要死光了!怎么办?难道要永远不停地捏下去吗?这时候,女娲想到一个好办法,猜猜看,是什么办法?"

"她教人自己捏自己!"呵呵,真有意思!

"她捏一个男的,捏一个女的。让男的、女的生孩子,这样人就一代一代传下来了。"吴轻轻声说,"我是听说的。"

"这个办法真好!"一片由衷的赞叹。

"爷爷奶奶结婚生下谁?""爸爸!"

"外公外婆结婚生下谁?""妈妈!"

"爸爸妈妈结婚生下谁?""我们!"

"我们怎么样?"这叫什么问题!可是,你听啊,"我们是男孩和女孩!"

不能再问了。翻页。如此这般添油加醋的讲述,相当扣人心弦。

炼石、补天、杀龟、撑天、制服洪水。"地上出现了一条黑龙,专门和人作对。黑龙吃人,而且特别喜欢吃小孩儿!为什么?"

"小孩儿肉嫩!"他们说,声音怕怕的。

女娲骑在黑龙背上,手里举着一把雪亮的刀。"女娲把它杀了!"

"耶!"有人轻声欢呼。

故事还没讲完。"想一想,女娲娘娘独自一人,做了多少事情啊?"老师扳起手指,"先是造人。然后呢?""补天。""然后呢?""杀死大龟。""然后呢?""用龟的四条腿撑起天。""然后呢?""制服洪水。""然后呢?""杀死黑龙。""然后呢?""然后她就死了!"孩子们悲伤地说。这让老师大为震惊。神话与童心,竟然有着如此不可思议的默契!

"女娲娘娘累死了。""她跟盘古一样。"一两个孩子充满感情地喃喃自语。这着实令人感动！

"女娲终于帮助人们战胜了灾害，重新过上了幸福的生活。可是，她却由于过度劳累，永远闭上了眼睛。女娲虽然离开了人们，但是谁也不会忘记这位创造和拯救了人类的伟大母亲。"肃静中，教师朗读最后一页。

"创造""拯救"，教师一边板书一边问："'创造和拯救了人类的伟大母亲。'这是什么意思？""人是女娲娘娘造出来的，人也是女娲娘娘救的。"学生回答。

翻页。"换一种方式看，有没有新发现？"

"嘿嘿！"第一排的孩子看得真切，满足地笑了。跟着，后面的孩子也笑了。"造人。天破了。炼石。补天。杀死大龟。撑起天。制服洪水。杀死黑龙。人们永远想念女娲。"教师循序指点九幅小图，和学生一起回顾整本书。"换一种方式看，有没有新发现？"看云很喜欢"幼学启蒙"丛书的这一创意。世界是以"图像"的形式刻录到幼儿心灵的。这种"集众图成一图"的方式，对童心是很大满足！好在这套书画面不多，否则"这种方式"就未必合适了。

翻页。满页柔和的纯黑，下面一片彩色碎片。"环衬！"他们又叫。"画的是什么？""天空和五色石！"

三、温习

再看再读，孩子依然兴致勃勃。这一回，我们注意到上午所忽略的一些细节："太阳鸟三足乌""月神蟾蜍""倒下的不周山"。这一回，老师告诉学生书中有剪纸和撕纸。"五彩石是五色纸。""树叶是纸剪的。""乌龟是剪纸。""刀上面的花纹也是剪纸！"他们寻找，他们兴奋。

"'女娲斩下大乌龟的四条腿当作柱子，把天牢牢撑起来。'女娲为什么躺下了？""女娲娘娘太累了。"学生体贴地说。"可是，为了人类，为了她的孩子们，她又站起来，和洪水作斗争了！"

这些都是上午没有讲到的。新发现、新体验深化了景仰、感恩、缅怀的情绪。老师很满意，学生很满足。

四、天真

这是一幅女娲像：黄皮肤，短头发；上身一串粗糙的（贝壳抑或石头）项链，下身一块兜裆布；丰乳、肥臀、粗腿；体态壮硕，母性十足。这才是黄土地上孤独劳苦——而且是最孤独最劳苦的母亲真实的样子啊！对比之下，"美少女"形象简直就是对女娲的轻慢和亵渎。

我相信：越小的孩子越能接受、越容易喜欢这样的女娲。因为他们刚刚脱离母亲的怀抱，他们对于母亲"真实的样子"有着温暖的记忆，他们对于母亲乃至女性的审美观，还没有受到世俗风气的污染。温暖、纯真，充满膜拜，充满爱。作为教师，我无比珍视我的孩子们仰望女娲的那种眼神。

神话，一定要在孩子幼年的时候讲给他听。

当一个人清楚地知道"这是神话故事，不是真的"的时候，神话的魅力和价值已大打折扣，心灵应得的幸福和满足也大打折扣。

再好的童话也是人造物，神话则是人本身。童年时期的人类用神话解释世界和自己的时候，他们不知道这是神话。谎言有千万种，事实只有一个。怎能想象，在没有学校、书籍、印刷术的漫长岁月，世世代代的人们以巨大的热情和兴致反复传扬的，只是一个神话故事而不是与活着的每一个人生死攸关到不能忘记、不敢忘记的事实！

这种深信不疑，是一种天真，也是一股永新的生命力、创造力。

这种深信不疑，在幼小的孩子那里完好无缺地保存着。当他深信不疑，我们怎舍得不将神话"告诉"他们，并且从孩子的深信不疑里，汲取天真以及永新的生命力、创造力。

2010 年 9 月 26 日

《夸父追日》讲述记录

练习册完成后,开始讲述图画书。同学们已经熟悉了"幼学启蒙"丛书。

一边板书一边交谈。"老师讲过的第一个神话是——"

"盘古开天地。"几乎所有的孩子都答了出来。

"有两个神打仗——"

"共工和祝融。共工打败了,撞倒了不周山!"

"不周山倒了,天塌地陷。人们很痛苦,有个叫女娲的神,把天上的大洞给补起来。"

"女娲补天。女娲造人!"

"今天,我们要讲的是——"

"夸父追日!"孩子们顺着老师手点的地方读出来。

看过环衬和书名页,老师把书翻到第一页。

"这是夸父的家乡。你们能在这幅图中看到什么啊?"

"白色!""雪!""没有光!"

"对,那你看到这幅图时,有什么感受?"孩子们没有回答。

"冷还是热啊?"老师轻声提示。

"冷……"孩子也轻声回答,伴随着说话声,可爱的孩子还身体一颤,仿佛真的有一阵冷风刮过。

"夸父家住的这个地方啊,太阳神到不了,终年没有阳光,人们的日子很苦。"

看第二幅图。

"小朋友们,你们能从图中看到什么啊?"

"周围全是黑暗,只有篝火可以给这里的人带来光明和温暖。"

"这里的人可不可怜啊?"

"好可怜哦。"孩子们边说边露出同情的表情。

"所以呢,这个巨人夸父,就打算去追太阳神,求他改变一下行走的路线。"

再看第三幅图。

"有光!"机灵的孩子叫起来。

"没错,除了有光,还有树木和小鸟。夸父已经感受到太阳光了,也就是说他离太阳越来越近了。"

一边翻页一边讲述。"离太阳越来越近,可是太阳神也越走越快。夸父的脚磨破了,留下了一个又一个血脚印,他折了一根桃树枝当手杖,继续前行着。再看这幅图,现在还觉得冷吗?"

"不冷了。"

"只是不冷吗?"

"热!火热火热的!"

"对,夸父呀,已经接近太阳了。太阳太热了,又热又渴的夸父,一口就喝干了黄河水!"

"喔——"孩子们发出一声惊叹。

"接着夸父又一口喝干了北方的大湖。"

"哇——"又是一声惊叹。

"因为夸父他是一个巨人嘛。"老师解释说。

"终于,夸父追上了太阳,这个时候呀,夸父身上的血液也几乎被烤干了。太阳的温度是很高的,表面温度有九千多摄氏度呢!"老师强调着,孩子们脸上现出痛苦的表情。"面对太阳,夸父用尽最后的力气,诉说了自己的心愿:'太阳啊,求您改变行走路线,从我的家乡过一下吧。我的家乡终年寒冷又黑暗,我的乡亲从生到死都没感受过温暖和光明。'"

教室一片静寂。这个时候，穿着 T 恤衫的老师，突然把一只手伸向第一排的孩子，"摸摸我的手，告诉大家你感受到了什么。"

"冰凉！老师的手冰凉的！"孩子惊呼。

"所以，太阳啊，请您一定要从我的家乡经过！说完，夸父就倒下了——"老师接着说。

下一页，夸父的手杖变成了桃林，桃林结出鲜美甘甜的桃子，为后来的人们解渴。"同学们，这一大片的红是什么啊？"

"是太阳！""是光！""是夸父的热血！"

"非常好，是夸父的血液。夸父牺牲自己，照耀了世界。"老师表扬孩子。

最后一页，七幅图集中在一起，从寒冷无光到阳光普照，孩子们看到了一个温暖又光明的新世界。

老师轻轻地合上书，教室里响起了孩子们轻轻的掌声。看得出来，他们沉浸在书中久久无法忘怀。

2010 年 10 月 14 日　由实习生段倩倩整理

师生对话《两棵树》

下午，朗读来自法国的抒情绘本《两棵树》。

实在感动，实在喜欢。朋友已为我读过多次。那些画面，常常让我唏嘘不已。

我觉得自己就是那棵大树，是看起来高大、威猛，其实很脆弱，很怕孤独，很容易枯黄的大树。我感激我生命中的那些小树。相聚的时光里，小树花样百出的游戏、欢快清澈的笑声，让我的日子绽放光彩；分离的时光里，小树隔着高墙的呐喊，让我有力量回到春天，忘记了自己的衰老。

今天，面对学生，我格外强烈地感受到：孩子也是我的小树。我爱他们，离不开他们。很多时候，当我还在为自己的过错内疚痛苦时，他们早已忘得一干二净。他们兀自生长，他们乐观健忘；他们没心没肺，他们充满阳光。

星期五，我们还要第二次朗读。以下是朗读过程中的师生对话。

封面——

"大树和小树有什么不同？我们怎么认出谁是大树，谁是小树？"

"鼻子不一样。大树鼻子长，小树鼻子短。"

第一幅图——

"两棵树，是那么友好，一棵长得高大，另一棵长得怎么样？"

"另一棵长得矮小。不过——"

"不过什么？"

"不过小树正在努力长高！"

第二幅图——

"春天来了，它们一起盛放鲜花。一到冬天，它们的枝头又落满雪花。注意两棵树枝头落满雪花的样子，它们怎么了？"

"它们在发抖。"

"它们一定盼望什么？"

"它们一定盼望春天。"

第三幅图——

"像所有的树一样，它们比赛谁最先回到春天，比赛谁的叶子长得更绿、更多。看出它俩比赛的神情了吗？"

"看出来了！小树在用劲，眼睛都闭起来了！"

"不过，大树并不总是占先。为什么这么说？"

"小树头上的绿叶更多！"

第四幅图——

"猜猜看，它们正在比什么？"

"比谁身上落的鸟多。"

"它们还比赛谁的枝上鸟儿更多、更会唱歌。为了分出胜负，它们有时互不相让。"

"呵呵，真是互不相让啊！它们都吵起来了！"

第五幅图——

"有一天，花园被人买走了，中间砌起了一道高墙，高墙挡住了两棵树彼此的目光。两棵树为什么往两边闪？"

"它们害怕。"

第六幅图——

"大树感到好孤独，它的叶子渐渐枯黄。想想看，在你看不见我、我看不见你的日子里，大树和小树，谁更勇敢、更坚强、更有力量？"

"小树。"

"是啊，是小树！因为小树生长的力量更大！你们听，小树在墙那边安慰大树：'振作点啊！我们一定会长得超过高墙！'"

第七幅图——

"大树的叶子几乎落尽，大树感到无限悲伤，因为大树看不到小树，因为大树受不了孤独。"

第八幅图——

"它们共同经历了一段长长的孤独的时光，终于有一天，已经光秃秃的大树看见什么了？"

"一片叶子，从高墙那边伸过来了！"

"那是谁？"

"那是小树！小树已经长到墙那么高了！"

"终于有一天，大树看见一片绿叶，从高墙那边攀伸过来，就像小树的问候一样。"

第九幅图——

"'等一会儿！我快来了！'大树兴奋地对小树说。它在春天结束前也长高了许多。它盼望着能早日和小树会合。看见没有？使劲长，使劲长，高高超过墙头的这一棵，是大树还是小树？"

"是大树！"

"为什么？"

"长鼻子！它有长鼻子！"

"是谁给了大树力量？"

"是小树！"

第十幅图——

"这是真正的参天大树！多么粗壮，多么高大！简直高入云天！它们面对面地站着，充满感情地互相凝视着。鸟儿也在为它们的重逢唱歌舞蹈。它们幸福地重逢了，尽管岁月改变了彼此的容颜。大树比以前更加高大，小树也不再是那么矮小。"

"哇！哇！哇……"

第十一幅图——

"它们终于重逢了！想想看，它们还会比赛吗？"

"不会……会！"

"是啊，是朋友就会有比赛！没有比赛的朋友多没劲啊！猜一猜，它们现在比什么？"

"比谁的胳膊长。比谁的树枝落的鸟儿多。"

"这就像我们，比谁跑步快，比谁写字漂亮，比谁学习好！同学之间的感情也因为比赛越来越深厚。看，它们将树枝使劲伸向对方，它们伸向对方的枝头都有一片绿叶。它们多么想手拉手，彼此紧紧拥抱！数一数，它们的枝上各自落了几只鸟？"

"六只。六只。都是六只！平局！"

"它们又在比赛谁的枝上绿叶更多、鸟儿更多。它们是多么珍惜这重逢的欢乐。它们都在努力地把手臂伸向对方，只为了那友爱的会合。"

第十二幅图——

"喔！喔！喔！"

"你们'喔'什么？"

"两棵树长到一起了。它们的树枝分不清也分不开了！"

"这个时候，停在大树枝头的鸟儿，其实也是——"

"停在小树枝头的鸟儿。"

"这个时候，停在小树枝头的鸟儿，其实也是停在大树枝头的鸟儿。终于，它们的树枝互相交叠，谁也不能使它们再次分离。人们经过时，也许以为听到了风声，其实，那是两棵树在低声倾诉秘密。"

2010 年 12 月 2 日

《小石狮》朗读记

我不知道,这样简约、含蓄、素朴到没有情节的图画书,一年级的孩子是否能够接受,能够喜欢。可是,我就这么强烈地想将《小石狮》带给他们。这是有悬念的朗读,有点像探险。

"这是小镇,小石狮的家。"有些萧瑟,有些暗,是小镇的俯视画面。环衬上的画面让孩子安静下来。

我是小镇的守护神。

小石狮神气十足地亮相了。项圈上的铜铃歪歪的,让它显得有些调皮。这是白天,群鸟从屋顶飞向天空。小石狮居高临下——守护神嘛。

我是小镇里唯一的石狮子。

跨页一边是暗夜、孤月和翻飞的蝙蝠,一边是石狮巨大的头部特写。"日夜守护"的漫长与艰辛,不言而喻。

唯一的守护神。

画面再次推进,小石狮的面部特写占据整个跨页。"唯一守护神"刚正、威猛与尽职。

"哇!""这么大!"孩子惊呼起来。

别看我的个子比猫还小。

老爷爷背对读者,一手执烟袋,一手抚摸着小石狮的头顶。仅一只手,就将小石狮的头顶整个儿罩住。体形三倍于小石狮的黑猫也是背对读者。显然,这是有意的。

孩子们无声地笑了。这一瞬，教室里的气氛变得说不出的亲切；这一瞬，小镇桥头的"小"石狮和一（2）班的"小"学生发生了神秘的交流。他们越发凝神谛听，他们越发目不暂舍。

可我的年纪，比镇里最老的人还要大许多。

画面上，石狮慈爱地俯视老人；画面外，孩子有了奇异而自豪的感觉。

就这样，一页一页，干干净净地读，恭恭敬敬地看。不说一句多余的话，把心整个儿交给《小石狮》。老师的感动，带动孩子的感动——更吸收了孩子的感动。在这十来分钟缓慢深情的朗读时间里，孩子的格外专注和莫名感动，丰富并加深了老师对《小石狮》的感悟。这些感悟，无法用语言具体明晰地表达。然而，很多时候，能够将人的灵魂带到更新、更广、更净境界的，恰是这种语言无法表达的感悟。

学生也是这样。这是艺术的力量，这也是教师"首先感动"的力量。

孩子们长大了，就会离开……
也许，他们会把我忘记……
可是，我记得他们，想念他们。
我不会忘记每一个人。

今天上午，第二次朗读。硕大威猛的小石狮面部特写依然让他们肃然，小石狮比猫还小的真相依然令他们莞尔，大雪之夜于奇异的光芒中孤独地仰望天空的小石狮依然令他们伤感，月光下的石狮依然让他们和那提着小灯走夜路的孩子一样体验到"心安"。和月光不同，小小夜灯，是同时亮在石狮和乡亲心中的信赖的灯、心安的灯。

我是小镇的石狮子。
小镇唯一的守护神。

大致记得文字的孩子，轻声念出这样回环的句子。这令老师想起前年听到的闽南方言的童声画外音。这也令老师顿悟：《小石狮》，其实就是一首歌——怀念的歌，渴望的歌，故乡的歌，童年的歌。

2011 年 1 月 7 日

兔年大吉《灶王爷》

　　小孩小孩你别馋，过了腊八就是年；腊八粥，喝几天，哩哩啦啦二十三；二十三，糖瓜粘；二十四，扫房子；二十五，冻豆腐；二十六，去买肉；二十七，宰公鸡；二十八，把面发；二十九，蒸馒头；三十晚上熬一宿，初一初二满街走！

　　糖瓜祭灶，新年来到；姑娘要花，小子要炮；老头儿要顶新毡帽，老太太要件新棉袄。

孩子的声音透着吃饱喝足的满意！这就是中国民谣，这就是中国孩子！这是每一个中国人对于根的"血液的记忆"。

举起《灶王爷》。"呵呵，灶王爷啊！"看见封面的第一眼，他们都笑了。很亲切、很熟悉的样子。昨天的美术课上，美术老师教他们画的就是这位爷。

"看环衬，有什么发现？"

"灶王爷的眼珠在转！"郭与然说。

"灶台的中间贴着一张大大的灶王爷像，他总是睁着两只大大的眼睛。很奇怪，不论你走到哪儿，他都好像正看着你。"整幅巨大的跨页，就是灶王爷的画像特写——端方、喜庆、丰满、慈祥，像没脾气的老爷爷，又像憨性子的胖孩儿。

"何智豪，灶王爷是不是盯着你看？"

"是。"最后一排的男生大声肯定。

"王苏苏，灶王爷是不是正盯着你？"

"是。"第一排的女生轻轻回答，声音里有些惊疑。

"刘帅宇，你呢？"

"灶王爷正在看我！"男孩挺开心，回答的同时，目不转睛地盯着灶王爷。

"所有人，前后左右每一个，都给我好好看看灶王爷！看看是不是都有一样的感觉，看看灶王爷是不是同时也在盯着你。"

"是的——"显然，他们对灶王爷的目光有了感觉，对他们来说，灶王爷已经真实在场。朗读于是在灶王爷的亲切真实的关注和聆听中进行。这一间教室，这一屋子人，就是热热闹闹一大家子啊！

故事讲完了。举起一本书："《小猪唏哩呼噜》，整本的字书。吴轻飞就快读完了。吴轻飞真棒！吴轻飞，告诉爸爸妈妈，让他们给你准备一个漂亮本子，专门记录你读完的整本书的日期和书名。这可是了不起的成长记录！"

"我读完《安徒生童话》了。""《一年级鲜事多》我都读完两遍了！"

老师大声宣布："你们都需要漂亮小本子！让爸爸妈妈给你们都买一个漂亮小本子！"

"耶！"

"看黑板，老师写的什么字？"离下课还有10分钟，教学进入最后一个环节。年复一年，每一节课都是这样紧凑、饱满。

"春——野。春野！春野！"

老师向录音机走去，他们懂事地安静下来，都伏在了桌上，闭起了眼睛。因为吟诵，语文课上我们已经很少听音乐了。

确实是一尘不染的仙乐啊！《春野》的纯净、空灵、甜润和生机盎然不是看云文字所能描述的。此前，无论是听音乐还是听吟诵，都需要靠老师灶王爷般的严密监视才能令他们全体专注。今天不知为什么，他们听得如此乖觉。辛苦的老师松一口气，和孩子一起沉入音乐。

《春野》，纯净、空灵、甜润和生机盎然的春之原野啊。多少的焦虑和忏悔都成往事，多少的期待和祝福尽在令语言苍白的音乐中。

窗外，雪花纷飞。这是一年级上学期的最后一课。

"兔年大吉"，题目来自教室门楣上的楷书横幅，是康玟君的手书。

每个星期五，老师都会把自己一周所写毛笔字向学生展示。老师的字不足为范，但老师的认真劲应该让学生知道。

寒假亲子共读作业要求父母为孩子朗读三本书，老师自己先朗读了三本。因为朗读，《绿野仙踪》带给看云前所未有的震动和唏嘘。《绿野仙踪》成了一本新书。这是唯有发声才能体会到的语言的魅力、经典的深味。感谢学生和家长，他们的努力，往往带给老师意想不到的成长喜悦和享受。

"老师，爸爸妈妈帮我买电脑了。"王浩一大早向老师报喜。

"恭喜王浩！"

下午，老师回过劲来："王浩，爸爸妈妈为什么给你买电脑？"

"为了方便上网买书呀！"

2011 年 1 月 18 日

讲述《清明节的故事》

上午第二节课，校园最安静的时候，老师讲述"幼学启蒙"丛书中的《清明节的故事》。

　　春秋　春秋时期
　　晋国（山西）　　　　　大公子重耳　小公子申生
　　大臣　介子推　　　　　晋文公
　　火烧绵山　寒食节　　　清明节　清明树
　　春秋五霸

　　三分钟，孩子做眼保健操的时间，老师完成以上板书。

　　"还记得我们背过的对联吗？'南通州，北通州，南北通州通南北'——""春读书，秋读书，春秋读书读春秋！"学生一下来劲儿了！

　　"《春秋》是一本历史书的名字。《春秋》所写的那段历史就叫'春秋'。孔子、老子都是春秋时期的人。我们知道，中国历史上有很多朝代，比如唐朝、宋朝、元朝、明朝……"

　　"还有秦朝和汉朝！"汪博涵说。

　　"对，还有秦朝和汉朝。秦时明月汉时关嘛！"

　　有人耳语有人笑，下面起了热闹的苗头。老师扬起手臂，威严地指向黑板——看见这无声的号令，孩子们整齐、有节奏地放声诵读："春秋，春秋，春秋；春秋时期，春秋时期，春秋时期。"

　　这样的诵读贯穿讲述全过程。音量、语调随故事情节的变化而变化，并不总是高亢。诵读的意义有四：一是借诵读让孩子对于特定名词有明确、固定的印象；二是借诵读将故事和孩子牢牢连接在一起；三是借诵读舒缓讲述的速度，赋予讲述以节奏，给予孩子消化的空间；四是诵读使孩子参与讲述，故事虽沉重但不沉闷。

"在那遥远的春秋时期，中国大地上有很多大大小小的国家。其中有一个国家叫作晋国。晋国就是……哦，看地图。"老师在黑板旁边的《中国地图》上寻找，"在这里！晋国就是今天的……"

"山西！"一个孩子说。地图上的字很小，孩子根本看不清。老师当即停下来，大大表扬这个孩子。

就这样，一边诵读一边讲。教室里的气氛凝重、悠远，充满同情。老师万分诧异地感知到：对于一年级小孩子来说，遥远和似懂非懂的东西居然很有吸引力！也许，这是因为"遥远和似懂非懂的东西"天然具有神秘感；也许，这是因为老师的讲述低沉、艰涩、动情。

讲到"老农献土"（这是老师补充的故事）时，故事平添了一种恢宏、庄严的气度。讲到"割股啖君"时（配合讲述，老师有简洁的动作表演），师生都感到一种剧烈的疼痛和强烈的震撼。讲到重耳半路扔掉破席子，介子推抱着那张破席子，悄悄离开重耳的时候——老师哽咽，孩子落泪。

为什么会这样呢？当时，在我们师生之间潮涌、互动着的是怎样一种感情？说得清的，都是最浅、最表面的东西。还是不说不究，让感动完整保存的好。

故事前半部分，有意强调"破席子"；故事后半部分，反复强调"清明"。"清明是一个美好的词。'清明之君'的意思：这个君王很好，很爱百姓，能给国家和百姓带来平安和幸福。"

将近半小时，故事才讲完。并非有意如此，老师今天的讲述相当不连贯，有颇多停顿和反复。事后想想，对于小孩子来说，也许正是这种既非能力所限，也非故意做作的艰涩、不畅，能够带领小孩子进入那段遥远、陌生的故事；体察那种朦胧、新鲜的感觉。一年级的孩子进入这样的故事当中并非易事。也许过分流利的讲述，会将孩子远远抛出故事之外。

故事讲完，再看图画书。相比之下，看图的感觉就平淡了一些。

"改火之制"没有提起，藏在柳树洞里的那首七言诗（那时还没有七言诗）也没有说到。《清明节的故事》其实很深，老师不指望一年级的孩子一次就能记住、理解全部内容。以后，每年清明之前我都要给他们讲一次。

感谢孩子们。《清明节的故事》从来没有像今天这样令我动容，我内心起了巨大的波澜。学生是教师的救赎。和孩子一起成长，是教师生命获得清明、保持清明的唯一途径。

2011 年 3 月 31 日

《三个强盗》进教室

上学期,"故事妈妈"毕晓艳来班上朗读《神奇的蓝色水桶》。今天,"故事爸爸"张文应邀给孩子们朗读《三个强盗》。

上午九点,张爸爸来到学校。西装革履,容光焕发,头发梳得一丝不乱。这一头,为了欢迎"故事爸爸"的到来,一向穿跑鞋、爱在课堂上手舞足蹈的看云老师也特地换了一双锃亮的皮鞋。

反复很重要。朗读分两个环节。"故事爸爸"手捧图书完整地讲述故事;看云老师展示画页,有重点地复述故事。重点强调三个强盗兵器(喇叭枪、胡椒粉喷壶、大斧头)的幼稚和他们作案时从不伤害生命的善良。是这种童心和善根,使得三个强盗能够因为孤女芬妮的引导而成为众多孤儿慈祥的养父。

家长、教师配合默契,朗读效果很好。班主任李君华老师的到场,为《三个强盗》进课堂增添了隆重的氛围。

"我们好几个家长交流过,知道薛老师所做的一切都是着眼于孩子一生的发展。我们知道老师所承受的压力,我们愿意尽力提高孩子成绩。这样,也可以分担一点老师的压力。"课前交流中,张爸爸如是说。

听了这样的话,看云觉得无比欣慰!从不指望所有的家长都能理解、配合,有"好几个"言之凿凿地与老师并肩作战,老师就备受鼓舞了。何况志同道合的不止这几个;何况即便父母们一时不理解不配合,老师也决不动摇!

"这班孩子的语文作业还是偏少了些。我们想给孩子增加一点必要的作业,比如组词、综合练习什么的,孩子跟你讨价还价,一百个不愿意!我们让他看的书,他也不大愿意读。就是想玩。"

"从班上借回去的书呢?"

"班上借回去的书倒是不用烦神。一天一本,看得很带劲!"

"哈哈,能够一天一本很带劲地读从班级借回去的图书,就很了不起啦!开卷有益,哪怕只是翻一翻,做老师的都心满意足了。"

    咬牛奶,喝面包,夹着火车上皮包。
    东西街,南北走,出门看见人咬狗。
    拿起狗来打砖头,又怕砖头咬我手。

下班回家的路上,听见孩子们边玩边念《颠倒歌》,念一段笑一阵,老师也笑了。这才是我要的母语学习!

2011 年 4 月 14 日

朗读《一粒橡子的奇遇》

一

今天朗读《一粒橡子的奇遇》。

上一届是在三年级朗读这套书的，当时只有四本。我用半个学期，连续读完四本，连续做朗读现场实录。书是网友"秋天的鱼"从广西邮给云门弟子的。谢谢"秋天的鱼"！到今天我们都没有见过面，也没有听过对方的声音。

同一本书，不同阶段的孩子的感受也大不相同。面对一年级的小小学童，老师不由自主地强调小小橡树成长的孤独、艰难和危险，孩子对于"一粒橡子的奇遇"越发感同身受了。

"橡树真的死了吗？"老师问。

"不，橡树变成泥土了。"家里有这套书的孩子说。整个过程，有书的孩子听得格外专注。这是一种多么沉静、多么高贵的心性！

蚯蚓和虫子吸食了树的生命，并将它返还给土地。

"看见没有？这些生活在阴暗潮湿处的蚯蚓和虫子，它们吃下橡树腐烂的木头，然后排出粪便。它们排出的粪便，是最好的肥料。这些肥料，养育了花草树木。"

定格，学生久久仰望相对暗淡的那一幅图，久久凝视那些丑陋可怖的虫子，表情庄严肃穆。在一片令人感动的寂静中，老师忍不住说："孩子们，此时此刻，我为你们感到自豪！当你们看着这样的画面，听到'粪便'，却没有一个人笑的时候，你们就是世界上心灵最干净的孩子！"

不一会儿，伴随着"砰"的一声，它掉到了地面上，并一直躺在那里，森林里的地面非常非常的黑暗。

下周四，学生也许会发现前后两页的遥相呼应。
生命的轮回啊，生命的壮丽与精美——尽在于斯！
"哦！这是真正的经典！值得你读一百遍！"
朗读中，老师一再咏叹。

二

每本图画书都在星期四、星期五朗读两遍。不仅如此，像《蒲公英种子的旅行》《一粒橡子的奇遇》这样的，我们还要连续两周深读。

孩子需要反复！孩子反复的能力来自教师。事实上，当教师的体验足够深挚，孩子自然能够跟着教师，一再进入同一部经典。一再进入，就是充分地吸收、浸润和拥有。其意义远远大于贪多务得。橡树是慢慢长大的。慢慢地成长，才是真实可靠的。

上周朗读的是《四点半》，来自韩国的一本值得从教育学、儿童心理学角度深度阅读的好书。可惜时间不允许我细说。只能在这里提一下，算是个推荐和纪念。

三

今天是汶川地震三周年纪念日，上午学校举行了一次紧急疏散演习。这是很有必要的。

2011 年 5 月 12 日

处处都端阳

一

粽子香，香厨房。
艾叶香，香满堂。
桃枝插在大门上，
出门一望麦儿黄。
这儿端阳，
那儿端阳，
处处都端阳。

真好！《粽子香》，孩子背多少遍都这么有滋味。

开始讲述。对一年级孩子来说，"幼学启蒙"丛书中的《端午节的故事》涉及的历史多而沉重。偏偏老师又较真儿，来来回回讲述，来来回回诵读。最费劲的是讲清楚：公元前278年距2011年有多少年？应该用加法还是减法？

整整半个小时过去，师生都累得差不多了。

"现在，我们可以读图画书了。"

孩子们笑了。一个个如获大赦，脸上满是成就感。这可是他们努力学习挣来的。大约这时，他们觉得老师举起的那本书真好看！

"封面上这个人是谁？"

"屈原。"

"环衬上为什么要画一盏灯？"

"屈原是诗人,灯表示他要在晚上写诗。"

"江水滔滔!这是什么江?"

"这是汨罗江!"孩子看着书名页说。

"这是屈原,这是国君。屈原正在国君面前提出自己的主张。国君是谁?"

"楚怀王。"

"屈原主张什么?"

"联齐抗秦!"

就这样,所谓的图画书朗读,其实是对讲述内容的回顾。而且,还要依靠板书提示。

吭哧吭哧到了最后一页。

"他们在干什么?"

"他们在赛龙舟。"

"屈原自沉汨罗江,是在哪一天?"

"农历五月初五。"

"端午节最重要的两项活动是什么?"

"吃粽子,划龙舟。"

"今天五月初几?"

"今天五月初二。"

"下个星期一是五月初几?"

"星期一是五月初五,星期一是端午节,所以星期一放假!"

终于读完了。他们习惯性地准备鼓掌。

"不要鼓掌,请不要鼓掌。让我们用静默表达对屈原的怀念和敬仰。"

罕见的静默中,老师听见孩子松了一口气。

"咻——"今天的朗读,真比划龙舟还累。

这是昨天下午放学后写好的板书(多数字注音):

战国七雄：齐 楚 燕 秦 韩 赵 魏
　　　　　　　↓
楚怀王——顷襄王

屈原：联齐抗秦

公元前278年秦将白起灭楚

农历五月初五屈原自沉汨罗江

（端午节　端阳节）

二

下午上班，路遇两个读书比较灵光的男孩。

"告诉老师，战国七雄是哪七国？"两个孩子面面相觑。"不要紧张，说出三个就很好！"

"齐、楚、秦、赵……"合力挤出四国的孩子，微微喘息着仰望老师。大约，他们把吃奶的力气都用在回忆上了。早读课上，几个孩子还背诵过"战国七雄"来着！

"很好！"老师由衷表扬，接着又问，"那么，再告诉老师，屈原是哪国人呢？"

"战国人！"这回他们来劲了，自信满满地高声回答。

"回答正确！好厉害！"老师笑着走开了。

不敢再问！是真正的"完璧归赵"啊，他们"还"得可真快！

三

回到办公室，将"失败的朗读课"讲给同事听。当然，主要是为了宣扬自己的"渗透性教育"。

"今年今天记不住，架不住我明年的今天要讲，后年的今天还要讲，大后年的今天还要讲！今年端阳，明年端阳，年年都端阳！即便最终一盆糊涂浆，也比从来没有在课堂上听过好！"

"毕竟是一年级，你的要求不要太高。不过，像你这样遇到机会就讲，遇到机会就讲，慢慢地学生就会对历史感兴趣，就会自己读。"同事说。

"我越来越认为：历史、地理很重要！即便是在小学，如果没有历史意识、地理概念，语文教学再精致，也不过是语言的碎片，不能扎根，没有生命力。当然，面对小学生，历史、地理知识的渗透当以怎样的程度和范围为宜，还需要在实践中探索。"

"归根到底，是你自己喜欢这些东西！"李君华说，"就像你的吟诵教学和声韵分析，都不是偶然的。二十年前，当我们还不是同一所学校的老师的时候，你就是因为古诗课而出名的。"

"是的，这里有个人的因素。"看云老老实实地承认。

2011 年 6 月 3 日

二年级

ER NIANJI

中国故事·老天娘

"老——天——爷！"

教师写板书，孩子读板书。第三个字是他们凭经验抢先嚷出来的。可是，信心满满地"爷"过之后，61个自作聪明的小家伙惊讶地发现：老师庄严缓慢书写的第三个字竟不是"爷"而是——"……女？""老天女？""娘！呵呵，老天娘！老天娘！"

一片笑声中，看云的"中国故事"开张了。

讲故事应该绘声绘色，而比绘声绘色更重要的是对节奏的把握。要有轻重缓急，要精于留白，要让故事有呼吸、能激动地活起来。然后，才能期待故事在听众心中有呼吸、能激动、活起来，成为会生长的种子。这是一股力量，源自讲述者的坚信和热情，斯坦纳称之为"精神的暖流"。

看云是讲故事的专家。看云讲述往往会给故事加上自己的理解和创造，比如：

"老天爷很爱老天娘。出门之后，老天爷一直不放心老天娘。所以，第三天，正当老天娘犯难的时候，老天爷提前回家啦！这一下，老天娘可算得救了！"

绘声绘色加上富有节奏，孩子听得欢天喜地又全神贯注。讲完之后，展书，看图。

书是从北京读库买来的原版"中国童话"丛书中的《九月的故事》，图是模仿染色剪纸绘成的，既喜气洋洋又充满幽默。从底色到图画，满纸洋溢出丰盈地道的中国气派。擎着图画，先从前往后，再从后往前——老师让每个孩子都看到、看足，因为只有醒目、关键的三幅图。

> 大风顺着江河走，小小风儿穿梨行。
> 夜里下雨好种豆，白天放晴好晒姜。

小黑板挂起来了，全班整齐响亮的朗读中，下课的铃声响起。

"今晚把这个故事讲给父母听好吗？"

"好！"

"故事的名字叫作——"

"老——天——娘！"

说故事时，最讲究说故事的艺术。必须是口述的，不能单单只是安静地用眼睛阅读。

（斯坦纳《人智学启迪下的儿童教育》）

363个故事，内容涉及历史、神话、民间传说、宗教故事等各个方面。文字、图画富有中国气息。"中国童话"丛书十二卷，是台湾汉声儿童书业为传统文化，为中国孩子——其实也是全体中国人奉献的伟大工程。今年暑假，看云有幸得到这套书。"必须在四年级之前，将这些故事讲给孩子们听。这是我对台湾同胞的一份敬意。"

中国孩子听中国故事的必要性已经不必再说。

中国孩子看中国图画的必要性已经不必再说。

看到帖子的朋友，可以用自己的方式搜集中国故事，给孩子讲述中国故事。

好几次阅读课后，听课老师都反映："尽管你的书很大，我们坐在后面还是看不清。而且你一页接一页往后翻，也来不及细看。我们坐在后排，一边听你讲，一边吃力地看，很累。"

于是我想到：是否有故事经典、插图精美的书专供我们班级共读？前一阶段学生专心听，后一阶段老师带着学生专心观赏少量插画？

如今，这个愿望实现了。

是我的愿望引来了"中国童话"丛书，还是"中国童话"丛书一直就在那里等待着——等待一位大陆教师看见，从而让故事活在教师的讲述中、学生的心中？

"两方面的原因都有。"《永远讲不完的故事》里的格劳格拉曼说。

2011 年 9 月 20 日

"你是不能看的"

——《爱菊花的人》讲述后记

一

斯坦纳认为：最适合给孩子讲述的，是民间故事。尤其是季节性的民间故事，老师的讲述，最好与时令吻合。

民间故事里没有汽车、电器、飞机、大炮，有的只是风雨雷电、花草树木、飞禽走兽、江河土地……它们是民间故事具有永恒魅力、永恒活力的根源。在这钢筋水泥的数字化时代，孩子庶几可以通过聆听民间故事——借助于语言的"气根"，吸收自然，长得自然。

九月份的最后一节读书课，我们讲"中国故事"丛书中的《爱菊花的人》。

爱菊花的人

叶子华　黄英　三郎　大酒篓

上午第二节课，眼保健操结束，老师板书结束。学生一睁眼就跟着老师诵读故事的名字。随着老师的讲述，进入自然又奇异的聊斋世界。

"和上回一样，三郎又在菊花园里醉倒，变成一株又大又美的白菊花了。这一回，叶子华有经验了！他没有去找黄英，而是学着黄英的样子，一伸手，将白菊花连根拔起，放到墙角，盖上三郎的衣裳。"

孩子们都笑了。一则因为老师自作聪明的语气，二则因为如果是叶子华，他也会这样做的。

笑过之后，老师继续讲："叶子华爱菊花，关心三郎啊！叶子华不放心变回菊花的三郎独自在外面过夜。他就躺在菊花的旁边，两只眼睛睁得大大的，眨也不眨地盯着那株白菊花。"

老师语调变得沉重、阴郁，是含着某种噩兆的那种。孩子的表情也变得有些惊疑、不安。

"万万没有想到的是，那株白菊花，就在叶子华的眼前，一点一点地凋谢、枯萎了！花瓣一片接着一片落下，叶子一片接着一片蜷缩。叶子华惊呆了！怎么会这样呢？回想一下，上次黄英拔出菊花，拉开叶子华时说过一句要命的话，叶子华忘记了——你们还记得吗？"

"记得！黄英说：'走，你是不能看的！'"

"这就是——禁忌。"

板书，指着"禁忌"两个大字，老师用了缓慢、疼痛的声音说："想一想啊，如果你是菊花精，醉酒之后现出了原形，被人目不转睛地盯着看，你还能放松、自然地变回人形吗？"

"不能……"

孩子的声音充满同情。如今的孩子，每天静坐学习时间过长，难得的周末，又被这样那样的培训挤满，属于孩子自己的空间太少。总是被"盯"，总也不能长成自己的深切痛苦，孩子说不出，可是有体验！

"叶子华别提多后悔！经过他和黄英的精心照料，白菊花一点一点地复活了。到了第二年秋天，那株白菊花再度盛开了！而且，每到夜间，还会散发出淡淡的酒香。看着盛开的白菊花，叶子华忏悔啊！和黄英一起，他在心中默默祈祷：希望有一天，三郎能从花盆里跳出来，笑容满面地站在他和黄英的面前。"

故事的结局很凄美，不是中国式的大圆满。这是看云特别喜欢这个故事的原因。

该看图了。题头两朵并开的大菊花，一黄一白，华美又亲密。

然后是整页大图，画的正是三郎第一次醉倒现出原形，黄英将白衫盖在弟弟身上的情景。三郎枝叶健壮、花朵硕大，姐姐姿态摇曳、神情妩媚，仿佛能听到她嗔怪的声音："叫你不要喝酒，偏又喝醉了！"黄英身后是一簇艳丽的黄菊花。

"为什么？"

"因为她是黄菊花变的。"

右下方就是那个憨厚、自以为聪明的叶公子，爱菊花的人。

下一次大酒婆来访，叶子华将因"犯禁"而铸成大错，终身追悔莫及。然而，犯禁的原因不只是关切、大意，即便黄英严词警告——叶子华还是犯禁了。这是人类的弱点。具体到这个故事，或许又是因为人类对于异类的好奇或不信任吧。谁知道呢！

一大一小两幅画，仿剪纸形式绘成。富丽、浓艳，充满了飘逸的动感，洋溢出难言的仙气，令人过目难忘，看了还看。

二

忏悔、祈祷、禁忌，是教师今日讲述用语调有意加以强调的三个词。我希望孩子们懂得忏悔，相信祈祷；我希望孩子们对高于物质世界的神秘存在抱有敬畏的心。

不用解释，孩子能懂。因为这些深奥的词是随着故事带出来，又随着老师的同情种到孩子的同情里去的。解释没有用。解释诉诸思维。而思维，是对故事生命的扼杀。

孩子今日模糊的懂得，才是真正的懂得。

2011 年 9 月 28 日

有意识的节奏和无意识的吸收

——《会听鸟语的公冶长》讲述后记

会听鸟语的公冶长

喜鹊　后山　肉　肠

麻雀　东门外　牛车　谷子

讲述用了半堂课。这是板书，既是为了帮助学生理解、记忆故事情节，也是为了方便孩子在"关节处"能够不假思索、整齐准确地接上话茬。

"当公冶长在那里忙活着剥羊皮、割羊肉的时候，那只喜鹊又在外面尖着嗓子叫起来——"

"公冶长，公冶长，后山有只大肥羊，你吃肉来我吃肠！"

学生齐叫，并且笑，声音甚至盖过老师。这是喜鹊第三次跟公冶长说话。以后，每当喜鹊开口的时候，全班孩子就都变成了那只尖嗓子的喜鹊。

绝不仅仅是为了活跃气氛！这里有对于节奏的有意识安排。这里渗透了呼吸的原理：一切的学习及活动过程中，如果只呼不吸或者只吸不呼，都会让孩子发生心理抽搐。如果没有呼，连吸也不能真实地继续。

这是李君华正朗读的"卢安克博客"给看云的启发。

为了增强"旋律感"，老师还让喜鹊多叫了一次。

"当公冶长吃得直打饱嗝的时候，喜鹊回来了，尖着嗓子，对着公冶长叫唤着：'公冶长，公冶长，后山有只大肥羊，你吃肉来我吃肠。'公冶长这才想起来，自己已经把羊肠子丢到河里去了！他急忙到河边去找，哪里还有啊，早就被河水冲跑了！于是公冶长只好跟喜鹊说：'对不起啊，我已经把肠子丢了，实在是对不起啊！'喜鹊什么也没有吃到，只好气呼呼地飞走了。"

教室里的气氛不再欢悦，老师的语调、学生的目光都充满同情。

"公冶长道歉了，道歉就行了吗？"老师问。

"不行！"全班不假思索地说。小小孩，对于小喜鹊更容易起同情心。

"公冶长除了道歉，还应该怎么办？"

"把烧好的羊肉拿碗盛好，端给喜鹊吃！""还要让喜鹊带些熟肉回去！"几个格外气愤的学生脱口叫道，其余同学跟着不假思索地大声嚷："对！给喜鹊熟羊肉吃！"

"可惜，公冶长没有你们这么有情义、讲信用！喜鹊气呼呼地飞走了，公冶长也没在意，而且，很快就把这件事给忘记了！"

"哼！"孩子们生气了。讲述继续。

"县官终于相信公冶长是懂得鸟语的，也相信后山上的那个死人不是公冶长害死的，公冶长是被喜鹊报复了。于是，公冶长就被无罪释放了。"

"咻……"不是耳朵，而是在内心的感觉中，老师听见学生都松了一口气。随着故事情节的发展，他们又有些同情公冶长，为公冶长担心了。无论是先前的同情喜鹊还是后来的担心公冶长，无意识中，他们已经将自己的情感、体验全然地投射到喜鹊和公冶长的身上了。毕竟，杀人是要偿命的！这样的后果也未免太严重了些。然而，非得有这样严重的后果，才会让听故事的人引起警戒！

讲述中，老师故意将原文中的"陷害"变成"报复"——显然，这样用词更加确切，也更公平，更具道德内涵。

"公冶长回家以后，邻居、朋友纷纷前来看望。大家都恭喜他捡回一条命，大家都说他这牢坐得好冤枉。然而，公冶长却大声感慨：'唉！你们都错了呀——'"

"其实我一点都不冤枉！谁叫我不守信用呢！"

在老师大声感慨、有意停住的地方，离老师最近的刘雨彤、程嘉玲脱口叫道，其他同学则不假思索地一齐跟上。而这，正是老师期待的。

孩子对他周围环境的感知越是无意识，感知渗透进灵魂的就越多，这听起来有点似是而非。在孩子能够对自己的感知有意识、能够吸收转化为自己的感知之前，感知的印象是最深刻的，这些印象也许能够渗透到灵魂最深处的无意识层。这些感知印象停留并保存在最深处的无意识层，构成后来更有意识体验的基础。

（伯纳德·李维胡德《孩子成长历程——三个七年成就孩子的一生》）

2011 年 10 月 12 日

让宝珠回到江海

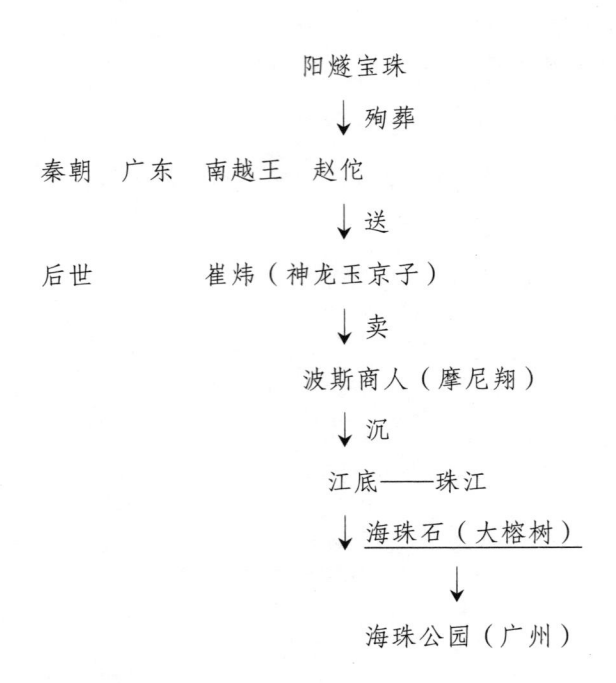

阳燧宝珠
↓ 殉葬
秦朝　广东　南越王　赵佗
↓ 送
后世　　崔炜（神龙玉京子）
↓ 卖
波斯商人（摩尼翔）
↓ 沉
江底——珠江
↓ 海珠石（大榕树）
↓
海珠公园（广州）

这是课前写好的板书。

先诵读板书内容，然后空手讲述。

"珍珠来自湖海。普通的珍珠，也就这么大。"孩子目光聚焦于老师两指之间的一粒空虚。那里有颗普通大小的珍珠。那珍珠可以是真的，只要教师的语气、神情、目光是真的。

"秦朝的时候，"老师转身指着"秦朝"那排板书，用了快速、惊叹的语气，"广东有个南越王，他的名字叫赵佗。南越王赵佗，拥有一颗硕大无比、璀璨夺目的宝珠，名字叫作——"

"阳燧宝珠！"随着老师的指点，孩子齐声回答。

"硕大无比，璀璨夺目！"老师复转身，面向全班，双手虔诚地捧起。定睛看着"这颗珠子"，老师的眼里满是温暖、惊叹的光。此时此刻，凭借自己的灵性，老师看到的不是宝珠，而是一个有灵性、高贵、美丽的生命体，老师感觉自己也正在被看着。

"精诚所至，金石为开。"什么都不必说，这种有灵性、高贵、美丽的感觉，孩子自有感应。

何况是孩子，这种高贵、美丽的灵性所发出的光芒是如此之温柔、有力，她甚至消融了赵佗自私阴暗的占有欲，而崔炜和波斯商人，则无意中做了护珠使者，在宝珠回归的路途上各尽职责。

"波斯商人乘舟顺江入海，江水清澈，波光粼粼，商人一时兴起，情不自禁地取出阳燧宝珠玩赏，立时珠光四射，山光水色，交相辉映。"这一段的文字和画面，每回读到看到，教师都有说不出的感动。

"怎么这么巧啊！怎么这个时候江上的景色就美到这种地步，让商人在船头取出珠子对着月光赏玩！老师相信：这个宝珠是有灵性的。她一定是感觉自己来到入海口了，她感觉到家的气息了！而孕育她的母亲——也就是大海妈妈，也感觉到孩子就在身边，就快回来了！所以，才有珠光和月光、水色交相辉映的奇景！商人，一定是受到感应，才取出宝珠赏玩的。其实，他是在帮助宝珠回家呢！"

以上这段感慨，老师是在毫无准备的情况下，"情不自禁"脱口而出的。也许，老师也受到了某种力量的感应。

"忽然，狂风骤起，白浪翻腾，波斯商人掌中的宝珠，顿时化作一道白光，沉入江底了！"

"呵呵。"孩子们都笑了。

打捞了七七四十九天，一无所得，虚耗十万黄金的波斯商人啊，请不要沮丧。宝珠原本就该回到大海，一世经商，一生和黄金白银打交道，能于无意间成就珠归大海的传说，并因此将"波斯商人"的集体名号融入这个温润璀璨的传说，是多么荣耀的事情！

后墙上的《中国地图》《世界地图》这回可起大作用了！广东、广州、珠江、入海口、太平洋……讲到这些地方的时候，老师急速绕过两排桌椅，指过《中国地图》又指《世界地图》。老师奢望着孩子因此能够有一星星朦胧的领悟：世界多么广大！它既有我们看得见的神奇和广大，也有我们看不见但实际存在的神奇和广大。

"水怀珠而川媚"，海珠就该回到大海，有意也好，无意也罢，当珠归大海——人们拥有的竟是整座美丽的公园，整条明媚的江水。还有一个在时光之流里熠熠生辉的传说。传说也是宝珠啊！

"天生神物，有德者居之"竟是错的！

真正的有德之人，是不会将天地神物据为己有的。

"人们都相信，阳燧宝珠就在海珠公园的那棵大榕树下，问：人们会挖树底的那颗宝珠吗？"

"不会！"

重读时刻，再看图。边翻页边对话。

黑板上没有一个字。重读是以问答的方式进行的。

封面："骑在马上，垂头丧气，这是谁？""波斯商人。"

环衬："多美，鱼儿和云朵都是五彩的！这是什么江？""这是珠江！"

书名页："这是什么石？""海珠石。"

…………

"人都死了，还要把自己喜欢的东西甚至人带到冥界，这种残忍又自私的制度叫什么？"

"殉葬。"回答之整齐、厌恶之强烈，一定让录像的家长感受到震撼。

又到激动人心的那一页了。老师又一番手舞足蹈："哦！这难道真的是巧合？我不信！究竟是什么原因，究竟是什么力量让波斯商人取出了宝珠？"

"宝珠想回家了！"一个孩子叫道。

"就在这一刻，宝珠化为一道白光，沉入江底了！"
随着老师的手势，全班同学一起说出来上面这句话。
这一刻，我们个个都帅极了、美极了！

　　一颗珠，落入一条江，隐入一块石，又长出一棵树，竟会生成如此美丽的传说。是不是一切美丽的事物都会互相吸引，使得美丽的变得更加美丽？这个想法有些神秘，而这个传说本来就带有神奇的色彩……

"篇后语"的结尾令人遐想。《夸父追日》带来了"幼学启蒙"。这样的老师，这样的学生，这样的《阳燧宝珠》。宝珠沉入孩子的心底，从此孩子、教师和传说都更美丽了。

《阳燧宝珠》是回归的故事，是灵性的故事。

让中国孩子听中国传说，就是让宝珠回到江海。

2011 年 10 月 20 日

《舞会皇后》朗读记

一

"薛老师和王老师一共给你们讲过几个颜色国的故事？"

"三个。《新被套》《彩蛋》，还有《两个好朋友》。"

"我们认识了几个小色啦？"

"三个！""五个！""六个！""七个！""八个！"

一时间，教室吵成了一锅粥。那场面，是老师没有想到、不能控制的火爆！"不要争了！再吵我就不讲了！"老师的威吓旋即没入新一轮的争论。"红、黄、蓝！""还有橙色、紫色和绿色！""还有黑色啦！""白色！还有白色啦！""八个。八个！就是八个！"

索性等学生吵好了，老师才举手总结。面红耳赤的小家伙们跟着老师，慢条斯理地点数："三原色：红、黄、蓝。三间色：橙、紫、绿——红加黄，变成橙；红加蓝，变成紫；黄加蓝，变成绿。还有白色、黑色、灰色、褐色、粉色。今天，我们要讲的是——'颜色国的秘密'丛书中的《舞会皇后》。"

"嘿嘿！《舞会皇后》！"孩子们笑了。他们喜欢热闹的故事。目光一齐热切地投向讲台上的绿色布包。

二

"颜色国举办盛大舞会，小色啦们推举出一位舞会皇后。如果让你选，你会选谁？"

"红色。红色鲜艳。"

"蓝色。蓝色纯洁。"

"白色。白色高贵。"

"粉色。粉色最美丽!"

"绿色。绿色像春天。"

"黄色。黄色明亮,很欢快。"

"呵呵,让我们看图,听故事。"老师掏出四方的小书,举起,"请读书名。"

"舞会皇后……呵呵!呵呵!呵呵!"他们笑了,一个个乐不可支,都是严重缺乏善意的坏样儿。

"你们笑谁?"

"我们笑灰色啦。"他们边笑边用手指着封面。灰色啦呢,显然感觉到了他们的指点,听到他们的笑声——越发低眉含羞、局促不安。

就在这一瞬间,灰色啦活了,故事活了。

灰色啦似乎感到不好意思。"舞会皇后"分别用粉、蓝、绿、橙四色写成,四个字柔和地呈现在灰色啦的头上——无情地衬出灰色啦的暗淡与羞怯。

"呵呵……"学生还在笑。笑声中,灰色啦低垂的双手在不安地摩挲。

三

讲述开始了。

在颜色国,灰色啦常常不被人注意。

"就是。"学生看着画面附和。

颜色国举办最盛大的舞会,居民们都来参加。

红色啦打扮得格外漂亮!

绿色啦撑起了华丽的阳伞。

黄色啦扎起了节日的缎带。

蓝色啦的夜礼服闪闪发光。

紫色啦的靴子小巧玲珑。

橙色啦梳着最新式的发型。

"喔……哇！"三原色、三间色的闪亮登场，一再在教室里引起赞叹。

这是谁？灰不溜秋的！

"呵呵！"率真到没心没肺的小家伙们又笑了。他们笑灰色啦：巨幅的长裙、飞扬的发辫、精致的鞋子以及沾沾自喜的表情。显然，灰色啦也是精心装扮，郑重赴会的。

舞会开始了。

没有人请灰色啦跳舞。

橙色啦牵着蓝色啦，绿色啦拥着红色啦，黄色啦绕着紫色啦——他们两两结伴，翩翩起舞。灰色啦到处找都找不到舞伴，满心冷落和悲伤。

灰色啦伤心地离开舞厅，来到花园。

没有一个人笑了。安静与同情，在教室里弥漫。

"如果你是红色啦，你会怎么做？"老师问主张红色啦当"舞会皇后"的孩子。

"我会邀请灰色啦跳舞。"

"你呢？粉色啦。"

"我也是。"

"可惜，这些自以为美丽的小色啦们，他们都不如你们有情义！"

过了一会儿，舞厅里响起了吵闹声："你的颜色太晃眼了！""呜……""你再说一遍！……""去换条裙子！那颜色太刺眼！""哇……啊……"

"吵起来了！打起来了！他们吵得打得都哭了！舞厅变成了战场！

这是为什么？"

"这些颜色太鲜艳了，太刺眼了，挤在一起，谁都受不了！"

举着画，让孩子定定看那缭乱、炫目的场面，让孩子充分体会那份"谁都受不了"的强刺激。

翻页，用了缓慢的语速，老师温存、轻柔地读：

> 这时，灰色啦悄悄走进来。大家立刻安静下来，惊奇地看着她。
>
> 她显得那么柔和、美妙和高雅。

一室润泽的宁静。这份惬意与和谐，来自灰色啦，也来自老师温存、轻柔的声音。一室润泽的宁静中，老师忍不住用了缓慢的语速，温存、轻柔地再读：

> 大家立刻安静下来，惊奇地看着她。
>
> 她显得那么柔和、美妙和高雅。

画面上，六位鲜艳色啦注视着含羞微笑的灰色啦，目光里满是惊奇和喜悦；教室里，61个孩子注视着含羞微笑的灰色啦，目光里满是惊奇和喜欢。

舞会的颜色重新变得和谐了。大家都来邀请灰色啦跳舞，还推选她为舞会皇后呢！

看，她跳得多美呀！

四

掌声响起来。"看看我们这间教室，有哪些小色啦？"

"红色啦、黄色啦、白色啦、绿色啦……"他们指着黑板上方的国旗、国旗边的班训、四面墙壁及墙裙说。

"还有灰色啦，每天给我们带来宁静、和谐的灰色啦！"

他们纷纷四顾，一脸茫然。

"看脚下！看住在水泥地板中的灰色啦！她一直默默地为我们服务，而我们一直没有注意到她的存在！想一想，如果整间教室，从墙壁到地板，都是鲜艳夺目的颜色，那么我们还能在这里安心学习吗？只怕天天都有人打破头，吵哑嗓子！好好看看，好好体会灰色啦带给我们的安静与和谐。我们该对她说什么？"

"谢谢灰色啦！"

五

"颜色国的秘密"丛书全套十本，看云一口气讲了三本。"三生万物"——这里有我对中国原创的真挚祝福。

为什么选择这三本？为什么是这个次第？

先讲《两个好朋友》，是因为《两个好朋友》太"醒目"。作为荐书人，需要这种醒目的效果。它能在最短的时间内，强力击中读者，直接抓住孩子。

次讲《新被套》，是为了教给孩子基本的色彩知识。这是讲述其他故事的知识基础。

三讲《舞会皇后》，是因为灰色啦的舞会际遇带给看云极大震动。

我相信：只要你有心，只要你愿意，这套书的每个故事都能带给你亲切、动人的生命感慨！

如果接着讲，我会选择《我也很漂亮》。

但我必须结束了。

三生万物。

祝福中国原创！

2011 年 12 月 1 日

一切奇遇，乃必然之事
——《大禹锁蛟》朗读心得

一

大禹锁蛟

尧——舜——禹

山东泰安：泰山

山东济南：历山（千佛山）　　舜井

照妖镜　定海神针　　　　降魔铁锁

以上是板书。

先讲述，后看图。朗读效果堪称扣人心弦。为什么？因为教师有感觉。"感觉"，有如上帝吹进泥塑的那口气，让人形泥塑成为有灵有肉的人。

除了自身的勇气、仁爱，照妖镜、定海神针、降魔铁锁是大禹制服东海黑蛟的关键。教师把故事讲活的关键，正是对于三件宝物的确信。

法力无边的宝物、不可思议的天助，是一切神话传说不可缺少的因素。前者比如"幼学启蒙"丛书中的《大禹锁蛟》之照妖镜、定海神针、降魔铁锁，后者比如《舜耕历山》之井壁的通道。

很长一段时间，看云有些鄙薄这类东西的虚妄、这种模式的雷同，以为那不过是愚昧无力的先民对超自然力量的无用的仰望，对自身局限的默认和掩饰。

然而"宝物配英雄""神力助英雄"的模式何以普天之下概莫能外？

是什么力量促使先民编出这些雷同的故事，讲述这些雷同的故事？是先民对故事（事件）本身的确信。这种确信，在物质的、科技的今人看来很天真、很幼稚。然而，我们果真就比先民有智慧吗？是否因为技术，我们在看见"前所未见"的同时，对"曾经看见"的东西看不清、看不见了？

你信"得道多助"吗？如果答案是肯定的，那么，往前再走一小步，你便知道：宝物是真的，神助是有的。天将降大任于斯人也，"天"在苦其心志的同时，也赋予"斯人"无力承受、不能想象的超能。而宝物，正是这种真实存在、令人惊异的超能的标志或象征。

问题是，大能或神助来自哪里？照妖镜、定海神针、降魔铁锁从何而来？

绝处逢生、否极泰来，峰回路转、柳暗花明。每一个行在道上且有成就的人，都有一串"如有神助"的奇遇可以讲述。这样的故事，看云听过很多。这些故事的主人公都是看云敬重的朋友。能够听到这些故事，能够遇到这样的人，是今生的大福分。

照妖镜、定海神针、降魔铁锁是真的——以照妖镜、定海神针、降魔铁锁为象征的大能、天助是真的。"上天有好生之德。"只要宇宙还处于生长、上升的阶段，一切合乎正道的"好生"之事，都会从宇宙中汲取生长的力量，从而使得宝物、神助的故事一演再演。而"出师未捷身先死"之类的悲剧，则因其悲壮和百折不挠而令后世血热志坚：不成功，便成仁！不辞悲壮，百折不挠！这种激励，这种信念，就是宝物——灵性的宝物。"天地有正气，杂然赋流形。下则为河岳，上则为日星"说的就是这个理。

在人类心智还没有狂妄到迷乱的古代，如此质朴的事实先民看得见。而传说，就是对事实的浪漫记录。盘古开天、夸父追日、女娲补天、铁杵成针……每个故事都是薪柴。只有确信，能够点燃；只要确信，就能点燃。这火炬将照亮你所行的正道，驱逐你所遇的寒冷，从而唤醒智慧，激发能量；吸引智慧，感召能量。于是，别人看你，如有神助。当安泰行于大地，神助是再自然不过的事情。

一切奇遇，都是必然之事。

照妖镜、定海神针、降魔铁锁是有的；作为大能之象征的宝物也是有的。

没有才怪呢。

二

真理是简单朴素的。所以，简单朴素的先民讲述真理的故事也必是简单朴素的。雷同，是这类故事的必然结局。古人一定不会觉得雷同。有如父母不会厌倦回味有关孩子的点点滴滴，因为那是他们生命的部分甚至核心。

五色令人目盲，五味令人口爽。

立体电影的发展很迅猛，人们对于感官刺激的追求之所以不知厌倦、没有止境，就是因为感官刺激不是人性真实的需要。生命之泉不在的方向，走得越执着，就越干渴。

我清楚记得，在那个超常贫困的年代，自己是从初中才开始偶然接触到古代神话和传说故事的。夸父追日、精卫填海、周处除害、负荆请罪……直到今天，我还记得第一次读到这些故事时候的震撼。然而，后来的我为什么会鄙薄它们呢？

因为我是在中学读到的，尽管当时震撼，然而为时已晚。我已错过了相信神话的年龄。所以，要经过很多事情，走过很多弯路，我才会在40岁之后，慢慢恢复相信神话的能力。然后，带着确信给正在确信阶段的孩子，讲述这些故事。

"舜井还在，就在济南城内。而且，井台上还拴着那条粗粗的铁链。只要你用手一提，井水就会'呼'地一下蹿上来！一副凶神恶煞的样子，那是被大禹锁着的黑蛟在翻腾呢！"

这一段教师讲演了两遍。第二遍是孩子和教师一起演说的："到今天，舜井的井台上还拴着那条粗粗的铁链。只要你用手一提，哪怕是最轻地一提，井水就会'呼'地一下扑上来！好凶！好吓人！那是被大禹锁着的黑蛟在翻腾呢！它不服！"

　　因为紧张，很多孩子站起身来，目光里有惊悚，呼吸变了节奏。

　　这种体验，令故事长进血肉，而不是装进头脑。

　　一个问题：大禹为什么不干脆灭了黑蛟，一了百了？让我勉强给出答案：第一，锁在济南舜井的黑蛟，显示了海洋和陆地的一体性；第二，从某种意义上说，黑蛟有人性猛烈、不驯的一面，这种力量自然需要得到约束，但也不能消失，否则，生命就丧失了活力。

　　传说，等到"油灯倒挂""铁树开花"同时发生的时候，黑蛟就会挣脱铁锁，重回东海。电灯不就是"油灯倒挂"吗？而"铁树开花"也是有的。以海啸为典型的频繁发生的海洋性灾难，也许就是重回东海的黑蛟所为，这一切，主要是人自己造成的。

　　水占人体质量的70%，婴儿体内含水达80%。人是水质的，水性就是人性。大禹的"疏而不堵""锁而不杀"，真的很圣明。

　　下周讲《舜耕历山》。

2011年12月7日

点亮心中的神灯

——《魔奇魔奇树》朗读速记

吟诵需要长时间地反复浸润和体会才能入味，经典图画书也一样。这是看云每本图画书都要讲两遍的原因。然而少少的两遍，也还是蜻蜓点水或毛毛飘雨！所以，那些有福气听父母反复朗读的孩子，才能真正得到浸润，真正拥有经典。经典一本听十遍，胜过浮光掠影浏览十本。

61个孩子的大班，即便画面够大、够醒目，后排也看不太清。因为没有投影仪，能在课上看的经典图画书不多。即便有投影仪，与电子辐射一起进入眼睛的，是影像不是书。没有书香，没有触觉，就没有生命的气息。

看云的文字无法表达《魔奇魔奇树》带给孩子们的亲切、激动和喜悦。星期三下午，孩子们一看到封面就激动得目光灼灼。豆太，可是他们熟悉的小英雄。因为熟悉，"见到"豆太他们才格外亲热、格外高兴、格外兴奋！

"这是谁和谁呀？"

"豆太和爷爷！"

"为什么爷爷睡得再香也要起来给豆太把尿？"

"因为豆太害怕夜里的魔奇魔奇树。"

"还因为……他们只有几床被子？"

"他们只有一床被子。"

"看，这就是夜间的魔奇魔奇树。"

"哇！真的很吓人哩……"

这样的朗读好轻松、好顺畅、好有生发力。熟悉故事再看图画书是合适的。这样孩子才可以挣脱对于情节的挂牵，进入画面，从而更深地体会故事。

"豆太，快跑！"这是孩子们在喊，"要不爷爷就会死掉的！""豆太好怕！""豆太哭了！""豆太跑得好快。""豆太的脚都淌血了！"

几乎所有孩子都站了起来，他们在喊。这时，他们就是豆太。

"魔奇魔奇树亮起来啦！"

掌声，欢呼声。

在教室里讲述图画书八年了，第一次见到孩子们在讲述的时候如此忘情地鼓掌、欢呼。

"医生说不是山神点灯。医生说，月亮正好爬到七叶树背后，树枝之间还有星星，加上下雪，所以看上去就像点灯一样。你们相信山神点灯吗？"

"相信！"

"那一夜，医生看到的是什么？"

"星星、月亮在树枝后面的闪光。"

"豆太看见的呢？"

"豆太看见的就是山神点灯！""只有一个孩子看见！""山神只为豆太点灯！""豆太看见的是五彩灯！""好大、好漂亮哦！"

这就是图画书的好处！五彩斑斓的巨树，全书最为辉煌、壮观的一页，把每个孩子的心都照亮了！

万分欣慰于孩子的相信。

每个孩子的心中都有一盏神灯，需要成人为他们点燃。

为什么山神的灯只为孩子点亮？为什么一定要是勇敢的孩子才能看见？为什么爷爷说"人啊，只要有一颗善良的心，就没有干不了的事情"？

《纳尼亚传奇》和《魔奇魔奇树》说的是同一个道理，同一个事实。

圣人降生的瑞相、天意与人事的巧合、只为一人呈现的异象……这些是几乎所有民间故事、伟大史诗都绕不过去的内容。如果去掉这些"杜撰"与"想象",全部人类文明,全部人类精神,就丧失了几乎所有的高尚、神奇与美丽。

巧合是必然,瑞相有根据,而所谓异象——但看你有没有能见的天眼了。

因为那最高深的太古法典是永恒的。而真理只有一个:

人的心念会影响地球的现象,所以要讲求修心。

人类在转化自己的同时,也转化了自己的居住地;当他灵性化自己,也灵性化了地球。有那么一天,在未来的行星期,他会以自己的创造力,令地球更有尊严。我们的"思想"与"感受",每一刻都在改变地球的结构,人类的幕后导师明白这种关系,因此想办法授予人类能够真正进化的力量。

(斯坦纳《灵性科学入门》)

2012 年 2 月 16 日

"老师今天怎么没有讲重复的故事呢？"

——《王羲之的故事》之外的故事

早读收来的日记（其实是周记）第一节课抓紧批改出来，第二节语文课上的第一件事就是朗读日记佳作。这是二年级下学期的"固定节奏"，也是行之有效的习作激励、习作指导。

今天小有不同，先讲故事再读日记。这是为了弥补上周的过失，因为老师刚在刘雨彤同学的日记里读到：

> 星期五上午放学，我的脑瓜里蹦出一个问题："平时的故事老师都是一个星期讲两遍的。第一遍讲一个新故事，第二遍是重复这个新故事。新讲是在星期三，重复讲是在星期四或星期五。今天都星期五了，可是老师今天怎么没有讲重复的故事呢？"这个问题我想了一遍又一遍，脑子都想疼了，才有了答案：老师因为太忙，所以忘记讲《王羲之的故事》了。想到这个答案，我又有了另一个答案：也许是因为我们读书不好，老师不想重复讲《王羲之的故事》了。还有一个答案又从我的脑瓜里蹦出来：也许老师那天嗓子不好，讲不了呢。
>
> 哎，这三个答案，该选哪一个呢？

《王羲之的故事》来自"中国童话"丛书，是一个很长很长的故事葫芦串。老师将其分为两部分，计划本周三讲第二部分之"《兰亭集序》的故事"并重讲"书圣王羲之"。然而事实证明：这打乱了老师自己苦心建立起来的学习节奏，并在孩子那里造成轻微的心理紊乱。这是一个教训！同时学生日记也显示：这个班的孩子，已经养成"再听"的习惯和需要。这是大大的好事！因为这也是修心的果实。

书圣王羲之　东晋书法家

东床坦腹　东床快婿

拜师卫夫人　师法大自然

↓

（山、水、树、鸟——鹅）

杀鹅待客　题字卖扇

　　先诵板书，然后讲述。今天，老师格外强烈地感受到孩子们重听的亲切、舒服和满足。说到"东床坦腹"和"题字卖扇"的时候，孩子们笑得那叫一个开心、文雅和会意；说到"杀鹅待客"的时候，依然没有一个孩子不觉得好笑。一样的情节，在成人那里的反应则完全不同。哦，如果不是亲身经历，如果老师自己没感觉，你不会相信孩子对于这些老旧的故事会如此的喜欢！温暖地笑，专注地听。这里有特别亲切的满足。

　　这对教师是巨大的滋润和激励。

　　星期三讲述"《兰亭集序》的故事"。那时，美轮美奂的画面，将在教室激起怎样的钦羡？那是绿叶对根的认取和归依。

　　星期五再讲的时候，老师会强调："明天就是三月三，1760年前的这一天，王羲之与朋友吟诗聚会，书成《兰亭集序》。如果天气允许，明天大家一定要到户外放风筝、吟诗！"

　　上周老师把自己写的毛笔字带给孩子看。字虽不好，但蕴含其中的一种"真意"，相信孩子能够感受、能够吸收。

　　这一周，如果有《兰亭集序》摹本进课堂就好了。

　　"春雨惊春清谷天，夏满芒夏暑相连。"

　　明日春分。

2012年3月19日

讲述"夏启的故事"

一

下周期中测验。复习是枯燥的，对于这个班的孩子来说，体验几天相对枯燥的复习也许是一种必要。然而老师还是暗暗心疼了，总要想出办法给孩子鼓劲、调剂。

"今天是星期三啊，如果课文读得好，如果第三单元的四篇课文我们都能一次读成功，老师就给你们讲故事！"

孩子们立刻来劲了！于是他们听到了"夏启的故事"。这是板书。

$$\left.\begin{array}{l}\text{神禹化熊}\\\text{涂山女化石}\end{array}\right\} —— 启（夏启）$$

夏——商——周

"大禹这才意识到，一路上追赶妻子的不是自己这个人，而是一头凶猛无比的巨熊！大禹那叫一个懊悔啊！望着因为过度惊吓而化为人形岩石的亲爱的妻子，大禹一遍又一遍地呼唤：'亲爱的，对不起！亲爱的，回来吧！我不是熊，我是你开山治水的丈夫啊！'可是，千呼万唤石不应！怎么办呢？大禹知道妻子已经有孩子了，大禹于是再次恳求：'亲爱的，如果你不能回来，就请把我们的儿子还给我吧！亲爱的，求求你了！把孩子还给我吧！'"

老师的声音哽咽了，孩子的眼中泪光闪烁。教室里出奇地宁静。

2008年，"幼学启蒙"丛书带给看云巨大震撼；2011年，浩浩十二卷"中国童话"丛书带给看云巨大震撼，因为这套书，云门弟子听到更多"老故事"。而孩子对于"老故事"所表现出来的那份特殊、深沉的热爱，则推动看云走进了程憬的《中国古代神话研究》和袁珂的《中国古代神话》。

  思厥先祖父，暴霜露，斩荆棘，以有尺寸之地。子孙视之不甚惜，举以予人，如弃草芥。

这是看云阅读《中国古代神话研究》和《中国古代神话》的最大感受。看云为什么能够含泪讲述"夏启的故事"，并且让二年级的孩子泪水涟涟？因为看云有感受。

什么都不要说了！什么都不能说了！此时此刻，多一个字的讨论，都是注入儿童和故事生命体内的"死的概念的针"。

二

明天重讲"夏启的故事"。

夏：夏季的夏，华夏的夏，夏朝的夏。

明天还要查字典。学生将发现他们自以为熟知的"夏"，其实笼罩着一层古老、神秘的气氛。将熟悉的陌生化，让陌生的熟悉化——这是教育的重要法门。

想起了"幼学启蒙"丛书之《巫山神女》。

那里也有大禹化熊的故事。与大禹一时化为黄熊对应的，是关心人类命运的女神终于变成了导航的秀峰——永远伫立在三峡，守望在江边。

人而为熊，仙而为峰——这都是一种屈尊和下降。一切实践，一切行动，一切、一切的真付出都是形而下的。这说明什么？这说明：一件让你动了真情的事，是绝不可能"适可而止"的。理性有时是人类的骄傲，但归根到底，人类的伟大或者接近神性，是因为他有能力抛弃理性——完全交出自己，从而完全成就自己。

人而为熊，仙而为峰——这里也包含着初民对于动物、山川淳朴的崇拜；人类对于山河大地、芸芸众生的热爱。

这些理解，是经历了一些事情才能有的。因为有这样的理解，看云才有底气把这个老故事带进课堂，才敢期待这样的故事能够作为种子，播种在孩子的心田。因为我的理解，都包含在我的声音、语调、眼神、呼吸以及教室里的空气和窗外的清风中了。

至于同行，也许可以从看云的感受中受到启发。而真正可靠的激励，是孩子的聆听给予教师的滋养。

《巫山神女》画面极美。尤其是女神，飘逸的姿态与刚毅的精神水乳交融。这是一则神话，然其主色调却是带绿的浅黄。这让人想到磊磊黄土、浩浩黄水以及滔天洪水之后的生命之绿。这是一则神话，却没有天庭、天堂惯有的微蓝与粉红。这肯定不是偶然的——这是神女将生命献给人类的深弘愿力的色彩显示。

还是喜欢旧版大开本的"幼学启蒙"丛书。

2012 年 4 月 11 日

巫山、地海和《入学》

一、课堂

"吟唱"是《地海巫师》中反复提到的关键词。

《地海巫师》歌吟般的语言，正是宇宙韵律在文字领域的奇妙演绎。

4月25日，给孩子朗读"幼学启蒙"丛书中的《巫山神女》。

读过《地海巫师》的朋友啊，只有你们懂得这样的讲述，并且会心一笑。

"瑶姬很快就长到可以学习的年龄了，瑶姬开始拜师学习了。你们一定都很羡慕法力无边的神仙对不对？"

"对！"

"你们一定想成为想要什么就有什么的魔法师。最好啊，拥有那种不费劲也能考100分的魔法对不对？"

"对……"

"可是你们知道魔法师是怎样拥有魔法的吗？即便是西王母最疼爱的小女儿瑶姬，"老师指着板书"瑶姬"和"西王母"，"想要学成仙道，也不能免除一分一毫学习的任务！"

"想知道魔法师是怎样拥有魔法的吗？"老师又问，所有孩子竖起了耳朵，个个表情认真且好奇。

"首先，你要记住所有东西的名字。你想对多大范围内的东西施加魔法，你就要记住这个范围内所有东西的名字。可是，当你跟随师傅学习的时候，你怎么知道将来需要对哪些地方的哪些东西施加魔法，让它们如你所愿地发生移动或者变化呢？所以，学习的第一步，就是要努力记住你可能到过的每一个地方的每一样东西的名字。"

老师声音很低，语速很慢："不要以为这是简单的事情！是的，石头当然都叫石头，小河当然都叫小河，但是如果你想对某一块石头、某一条小河施加魔法，让它顺从、答应你的请求，你就必须和它对话，你就必须知道属于这块石头、这条小河的名字。要知道，世界上的每一样东西，不管有没有生命，都很独特，都有自己的名字。记住每一块石头、每一朵小花、每一只鸟儿、每一条鱼儿的名字，是拥有高深魔法的前提。想一想，这可比我们背诵古诗和儿歌要困难一万倍、枯燥一万倍！现在，你们还想不想进魔法学校？"

"我们……唔……我们……"孩子们面面相觑了。

"记住所有东西的名字，这仅仅是学习的第一步。要想对这些东西施加好的魔法，还要对这些东西有深刻的了解：知道它们的来历、它们的性格、它们的生活、它们的力量……这又是不得了不得了不得了的艰苦学习！"老师的语速渐快，声音渐高，"然后！作为神仙，你还要学习自身的变化之术，还要学习空手放电的高强武功，还要学习让人起死回生的医术……想一想，瑶姬和你们，谁的日子比较舒服？"

"我们舒服……""我们有故事和儿歌……"孩子们梦呓似的回答。也许，他们第一次发现，当神仙也不容易呢。

这一通长篇大论，孩子们听得很入神！

沉寂片刻，才把书翻到第二页：那是瑶姬学成归来的一幕。

"这是什么？"老师指着瑶姬手上系着红丝带的纸卷问。

"毕业证书！"

二、爱、了解和力量

在我和小安看来，"记名学习"其实就是一种灵性的修炼。

经由这一漫长和枯燥的过程，你必刻骨铭心地体会到世间万物的独特与珍贵。你于是不得不变得谦卑，从而学会尊重。尊重每一块石头，每一滴水，每一棵小草，每一朵花。

《狮子、女巫和魔衣橱》里所说的"太古时代更加高深的魔法"是真的。

因为《地海巫师》，如今我们对于佛法所说的"智悲双运"有了新的体会，也对世界和宇宙的未来有了信心。最高的智慧和法力，只能来自对于宇宙万物最深的了解。

"最深的了解"来自何处？

有一句话我记不得谁说的，好得让人落泪：

"我们如何可以了解一个人——除了我们去爱！"

三、瑶姬必须死掉

"女巫必须得死。"

彭懿先生在《世界儿童文学阅读与经典》里反复说。

"瑶姬必须死掉。作为神仙的瑶姬，非死掉不可。瑶姬只能化为山峰。"

昨天，5月16日，听读《地海巫师》的途中，看云大叫。

"宇宙韵律的健康运行需要平衡。'每点亮一根蜡烛，就会投下一道阴影。'哪怕犹大，也是他母亲挚爱的儿子呢。即便是祸害人间的蛟龙，也不可以白白死去。必须有人为此付出代价。

"十二座峰对十二条龙，难道这是偶然的？表面看，瑶姬及其侍女化为石峰是因为瑶姬对人间爱得太深，真实的原因其实是为了达成宇宙之力的新平衡。宇宙无所谓善恶，只有黑与白、明与暗、冷与热、凶暴与温柔之间的韵律。谁打破了这个平衡，谁就有责任重建平衡。

"试想：如果就以蛟龙被杀，险峰被凿，大禹和瑶姬大获全胜为结局，《巫山神女》这个故事还有魅力和力量吗？当然没有。不是因为那样的结尾太平淡，而是因为那样的结尾不真实。这里的'真实'，不是历史及物理意义上的真实，而是'道'和'真理'意义上的真实。这样的真实，唯有神话能够蕴含、能够传达。"

4月26日，第二次朗读《巫山神女》的课堂上——

"看见蛟龙尸体堆成的十二座险峰了吗？"

"看见了。里面还有龙的身子和尾巴呢……""它们都头朝下……"

也许是错觉，孩子的声音似乎含着同情。老师于是有了下面的感发："这是蛟龙不肯服输的灵魂！杀死蛟龙的结果是什么？江水堵塞，天府之国变成一片汪洋！这真给大禹带来一道难题！所以瑶姬必须帮助大禹。面对坏人，最好的办法也许不是举手就杀，而是——"

"让他变好。"有几个孩子这样回答。

"实在不行再杀……要不然，你就是杀死他，他的灵魂还会接着干坏事。灵魂的力量，不会因为被杀而消失……"

老师的话有些含糊了。

这真是一段不了了之的讨论。

说不清楚，是因为其中的道理老师当时还没有想明白。

四、不死的意志

"意志"的定义并不存在。这些对意志的定义格外困难，因为其中没有真实内容。不过意志究竟是什么？它不过是在我们内在，而死后会变成心和灵之实相的种子。所以当你们把意志描绘成它是人死后的灵心实相而现在以种子形态存在于我们内在，那么你们就掌握了意志。在我们对生命的描绘中，我们生命进程的一端止于死亡，而意志超越死亡。

你们将会从我所发挥的内容中看到，人只有在与宇宙的连接中才能真正被理解。因为当我们制造心像时，我们内在有宇宙性的东西。我们出生之前曾在宇宙中，而我们在那儿的经验如今在我们内在反映出来。当我们穿越死亡的大门后，将会再次回到宇宙，而我们将来的生命现在以种子形式位于掌管我们的意志的心体部分之中。在我们内在运作而我们却无所意识的力量，在宇宙中为了追求高层知识而全然意识地运作。

（斯坦纳《人学》）

山峰是运作于宇宙的意志力的象征。

所谓不屈的灵魂，所谓永恒的慈悲，其实都是超越了死亡的意志。险峰是蛟龙意志的象征，正如秀峰是神女意志的象征。斯坦纳所说的，中国神话、中国老故事，早就以诗性、隐喻的方式告诉我们了。

就在这个神清气爽的早晨，4月26日的含糊变得澄明，解惑的欢喜充满心中。

2012年5月17日

感觉像是进了教堂
——关于《凯迪克与凯特·格林威图画书精选集》

一

国际安徒生奖、美国凯迪克奖、英国凯特·格林纳威奖，是全球儿童图画书三大奖项。很多经典的图画书之所以能够被中国人看到，正是因为获奖光环的照耀。《小房子》《让路给小鸭子》《三个强盗》《月光男孩》《大猩猩》《你睡不着吗？》《森林大熊》《小黑鱼》《野兽出没的地方》《极地特快》……这样的获奖书单可以列很长。这样的书单，正是一条童心闪烁的星光大道、圣洁之路。

于是，当我拜读《凯迪克与凯特·格林威图画书精选集》时，涌动于心头的，就不能不是朝圣的感觉，是进入教堂的感觉。

凯迪克与凯特·格林威都是英国人。

"唯有英雄才有对于英雄事业的忠诚。"

说这个话的卡莱尔也是英国人。看云好喜欢！

二

小杰克，墙角待，
吃个圣诞果子派。
把拇指啊伸进去，
葡萄干啊掏出来，
"嘿！我可真是个棒小孩！"

爱嚼舌的讨厌鬼,

你的舌头会嚼碎。

这座城里每条狗,

都能分到一小口。

伦敦城,怎么走?

一只脚丫抬,

一只脚丫落。

"诗歌就是翻译中丢失的东西。"

然而这样的情感与节奏,是令全世界儿童"天下归心"的;然而这样的画面和色调,是令天下父母感到温馨、安心的。这就大大弥补了翻译"命中注定"的遗憾。

和格林童话、安徒生童话一样,《鹅妈妈童谣》早已超越语言的界限,给全世界儿童带来心灵的慰藉。

这套书中的童谣都是凯特·格林威从小听着长大的,这些童谣对于以英语为母语的孩子来说是最好听、最上口的,是凯迪克和凯特·格林威们最初、最甘美的灵魂滋养。

然而在中国,很多孩子的母语学习依然是枯燥、陈腐的:不是唯分是求,一学期只学一本书,就是笃信"王博士",死记硬背,让"经"的铁索勒进幼小的身心。读经的孩子,看起来确实乖觉、懂礼,但是那些孩子的脸色和眼神总让人觉得不对劲。为什么呢?直到读到这一句,看云才彻底明白:

如果你们运用太多抽象事物教孩子,就会让他过度陷于血液产生碳酸的过程,也就是身体硬化与衰败的作用。

(斯坦纳《人学》)

对!就是硬化与衰败!

"成人和儿童一样需要童谣的滋养。"

"民间童谣是什么？她是人类的灵魂母乳。正如母乳滋养乳儿的，不仅是身体，而且是一生的灵魂。一个人，如果在童年没有充分诵读民间童谣，无论精神还是身体，都是乳儿期没有吃到母乳的可怜的病患儿。"

看云四处奔走，就是想唤起父母、教师对于童谣的重视，为孩子争取诵读童谣的"天赋权利"。

这套书带给看云很大鼓励。凯特·格林威让我有理由这样说：检验一个民族文明水准的重要标志，是儿童的地位；落实到母语学习，就是童谣的地位，儿童阅读的地位。

教室里响起的童谣，是方舟，救度民族，有关童年和母语的私密回忆。

三

波莉端来小茶壶，

波莉端来小茶壶，

波莉端来小茶壶，

我们喝茶吧！

苏基端走小茶壶，

苏基端走小茶壶，

苏基端走小茶壶，

她们回家啦！

显然，这是小女孩过家家的唱词。

《小鼻子的歌》是大人逗小孩的游戏，《拎呀拎桶水》类似中国的《过城门》，《青青石子路》《转圈圈的玫瑰花》是圆圈游戏。在中国，传统童谣、传统游戏关系密切。凯特·格林威告诉我们：英国也是这样。也许，全世界都这样。

> 转圈圈的玫瑰花，
> 满袋袋的玫瑰花，
> 哈哈哈！哈哈哈！
> 我们全都摔倒啦！

读到这一首，看云不由放声高唱。唱给身边的同事听，唱给电话里的朋友听。先是中速地唱，然后有节奏地唱念，第三遍慢速、悠闲地轻唱——

> 转圈圈的～玫瑰花～
> 满袋袋的～玫瑰花～
> 哈哈哈～哈哈哈～
> 我们全都～摔倒啦～

"这是一个转圈游戏。孩子们手拉手围成一圈，边跳边唱，唱到最后一句时，一起往圈子中间扑倒。如果是在松软的草地上，这个游戏不要太好玩哦！唱第三遍的时候，孩子梦游似的缓慢摔倒，然后在或快或慢的歌声中，或快或慢地就地打滚。好简单！好快乐！对不对？"

"转圈圈的玫瑰花！满袋袋的玫瑰花！"

电话那头传来六岁男孩劲头十足的歌声，那是朋友的儿子在唱。听得出来，孩子正在地板或床上打滚儿。

看云哪里是唱歌好听的人啊！然而这一次，看云的歌声就是这么有魔力！民族与民族的区别、国家与国家的分界，在幼小的孩子那里是很模糊的。

四海一家的理想如何实现？天人合一的境界如何达到？

也许，儿童的歌声可以引领我们走在正确的路上。

"小瓦片四方方，黄土地上画房房。""拉大锯，扯大锯，姥姥家唱大戏。"

和物种一样迅速消逝的，是传统游戏，也是生命和大地呼吸与共的血肉联系。

沙包、弹弓、牌巴、斗鸡、爬树、陀螺、翻花、刻纸、挑棍儿、跳皮筋、跳房子、抓石子儿……

真实的校园文化当是活态的，融入儿童的奔逐、歌笑、热汗、呼吸。

四

韵律的震荡对身心灵发展意义重大。

对儿童来说，儿歌韵律的好听比字面意思更重要。

（斯坦纳《人智学启迪下的儿童教育》）

从宽泛的角度看，《凯迪克与凯特·格林威图画书精选集》这套书都是歌谣，而且相当俚俗。

《杰克盖了个大房子》也好，《三个快活的猎手》也好，《挤奶的姑娘》也好……执着于情节或意义的人们也许会感到失望吧？

凯迪克的"故事"基本没有跌宕的情节。可是啊，当《约翰·吉尔品》让你一笑再笑，当《挤奶的姑娘》让你莞尔不禁，当《三个快活的猎手》"在那儿哪，快瞅瞅！"的主旋律一再出现——你对意义和情节的期待会随韵律的振荡而消失。随之而来的，这样的韵律带给你的是对于普通生活的挚爱！

平淡、纯净、自然、精美。既不宏大，也无悲情。

也许，只有真正的盛世，才能产生这样讴歌平常生活的旷世经典。

粗看来，凯迪克与凯特·格林威画风相似，这是所谓时代印记。具体分析这种古典、温柔、写实、唯美的风格带给人的和谐、安详与尊贵，不是看云所长。看云只觉得能够捧着这样的书读,是很大的福气。我总忍不住伸手抚摸那些画页。手指触到的瞬间,感觉有股"生命的能量"流进身体。

五

也有受到强烈冲击的时候。我说的是《哈默林的花衣吹笛人》。

这是一个老故事,老得记不清什么时候听过。然而凯特·格林威的叙述,却给看云带来全新的震撼与感悟。

> 吹笛人又一次向大街走去;
> 在他的嘴边又一次
> 搁上那笔直光滑的长笛,
> 还没吹出三声(从没有乐师
> 奏出过如此美妙的乐音,
> 使空中充满了喜悦欢欣)

此后 16 页,都是孩子随笛声欢欣而去的画面。16 页的文字一共只有 11 行。

> 就听到沙沙声,
> 看来是一大帮快活的小家伙,又挤又推闹嚷嚷,
> 小脚踢踢踏踏,木鞋呱嗒呱嗒,
> 小手劈劈啪啪,小嘴叽叽喳喳,
> 像给鸡在场上撒了麦粒一大把,
> 从屋里奔出了所有的小娃娃,
> 男孩和女孩,一个不落,
> 红扑扑的脸颊,金灿灿的卷发,
> 光闪闪的眼睛,珍珠般的门牙,

> 欢天喜地，跟着奇妙的笛声奔跑，
> 蹦蹦跳跳，又是叫来又是笑。

紧接其后的，是市政官员长达 18 行的观感，还有瘸腿男孩长达 30 行的密集的悲叹。这是怎样一种夺人心魄的图文的韵律！这又是怎样一曲与魔笛异曲同工的无声的协奏！对读者来说，画面有多欢欣，内心就有多惊悚；絮叨有多密集，叹息就有多沉重！文字空白的地方，乐音响起。明明听不见的魔笛，因之变得可感。感官与感官的界限，在这里消融了。

> 我不能不说的事儿还有：
> 在特兰西瓦尼亚有一个部族
> 是异邦民族的一支分部，
> 他们那外地的习俗和服饰
> 曾引起邻人们分外的重视，
> 他们把这些归因于父母，
> 说自己的先祖来自地狱，
> 长久以前就被人诱入，
> 先祖原是一大群男女，
> 来自哈默林，可是他们
> 自己也不清楚事情的究竟。

被孩子环绕的吹笛人，沉醉在笛声与孩子的歌笑中。这与他刚刚出现的样子是多么的不同！

> 有人说："倒像我的曾祖父
> 被末日审判的号声惊起，
> 从彩绘的墓石下走到了这里！"

为什么"说自己的先祖来自地狱"？一座不守信用的城市，就是地狱；一个诚信沦丧的社会，就是地狱。不要说赖账的只是"以市长为代表"的市政官员，一切邪恶的统治，都要得到被统治者的同意才可以延年益寿。

看云相信，如果当时有一个市民出来打抱不平，哪怕只有一个，那样决绝的惩罚都不会落到整座哈默林城。

孩子是天使。哈默林不配拥有。

吹笛人带走所有人的孩子，很公平。

将瘸腿孩子关在山门外，就是为了告诉人们：孩子们在笛声中看到、感受到了什么。

耗子闹！
耗子袭击狗，弄死猫，
咬啮摇篮里的孩子，
舔食厨师勺里的汤汁，
咬破小桶，把咸鲱鱼乱叼，
在男人的星期日礼帽里做窝巢，
甚至破坏女人们闲聊……

文密图疏—文疏图密—文密图疏，这也是"耗子闹"一章的韵律。如果猜得没错，这样的安排是有意的。一是为了给后面的高潮做好铺垫，二是让故事获得音乐般的韵律感、建筑般的存在感。

毕竟《哈默林的花衣吹笛人》讲述的是关于音乐的故事。

六

点题。回到教堂。

爱默生在《英国人的性格》一书中说：有时候，看见那些古老的城堡和大教堂，会不禁感叹，这些建筑至今仍然闪耀着永恒的信仰之光。邪恶的人无法建成好的教堂；因此，这个社会中必定洋溢着正直和热情。

　　爱默生是美国人。《英国人的性格》来自《思想的盛宴》。《思想的盛宴》是看云打底子的一本书,也是一本解毒的书。非常值得推荐。

2012 年 7 月 19 日

三年级

SAN NIANJI

"老人与大象"

一

要求七八岁的孩子以合适的行动表达爱，这大大超出他们的能力。对于这个年龄段的孩子来说，培养温和、安静的气质，就是培养爱与自控的能力。定能生慧。智慧与慈悲从来都是一体两面的关系。

所以在看云版的"老人与大象"中，贯穿始终的关键词是"安静"，浸透了力量与慈悲的"安静"。老师的语调、身姿、眼神、手势，无往而不传达出老师对于"安静之力与美"的礼赞，以及对于孩子"当安静时能安静"的期待。

事实证明，孩子感应到了这种礼赞与期待。一样的故事讲给另一班孩子听是否一样有力，看云不能确定。因为这是云门弟子，他们的老师每天都会经由诵读、朗读、吟诵，以母语的方式礼赞和期待安静。在一个师生结为一体的班级里，每一个事件、每一个故事都是此前事件与故事的继续。

二

"很久很久以前，有一个老人，他非常非常的安静、温柔和慈爱。人人都想接近他！当你走过他的身边，你会感到那么舒服，就像夏天走在清风里，冬天走在阳光下。当他向你走来，不用看见或听见，你就知道他来了。因为他会带来鲜花一样好闻的香味。那种好闻的味道啊，就像受到委屈时，妈妈给你的拥抱。"

讲到这里，孩子静了下来。不只是没有人说话，此时的安静，是一种能将感动回流至教师的心的安静。静的心在延展、在感应、在聆听，老师几乎可以听到"静的心"发出的汲取的声音，几乎可以感受到"静的心"散出的拥抱的温热。安静，真的是一种慈悲和力量啊。

在这个故事中，我们用了许多物质的象征来表现精神，这样孩子就能升起许多图景与想象，在感受中进入佛陀的精神美感，而不是停留在思考层面的抽象的道德概念。

（萧望野）

真实可感、充满象征的具象性细节非常重要。只要老师有感觉，她的声音便可以让孩子感应到清风、阳光、花香的实在及其内含的精神力量。而对于老人带来的花香，也许云门弟子格外能够了然。因为我们曾经如此虔信地诵读过贾尼·罗大里的《一行有一行的气味》：

> 犁地的农民，
> 有泥土的气息
> 和田野与草地的
> 清新芬芳。
>
> 渔夫身上的气味，
> 让人想到鲜鱼和大海。
> 只有无所事事的人的身上
> 散发不出令人心怡的味道。
>
> 懒惰的阔佬，
> 不管身上洒多少香水，
> 孩子们，他发出的气味，
> 也实在不大好。

三

"这个老人这么安静、这么温柔、这么好！几乎所有的人都喜欢他。可是也有人觉得生气，就是那些吵闹、粗野、不会爱的人。他们想：这个老人这样安静、这样温柔、这样好，真是太可气了。我们倒要看看他究竟能够安静、温柔到什么样子。

"机会来了，这一天，老人在山坡下的草地上慢慢散步。他穿着一件白色的、没有任何脏污的长袍，赤脚走在草地上。因为他不想把草踩疼。他是那样的安静和温柔，连树上掉下的叶子也期待被风吹到老人的脚边。就在这时，山上来了三个人。他们一个长得像老鼠，一个长得像蟑螂，还有一个呢，长得像蚯蚓。"

"唷……"他们又是皱眉又是掩鼻。

他们对老师的讲述起了反应，他们其实也是在对着自己的"难看和难闻"皱眉、掩鼻。相由心生、道成肉身的事实，看云一直说给他们听。并且渗透到每日教学中，渗透到对于诵读、吟诵和聆听的语感、手势和心态的要求中。"人的美丽、健康是可以修得的。一个善良、正直、勤勉的人，一个总是给别人带来宁静、快乐的人，一定会拥有健康的身体、圆满的相貌。""站坐无形，你会越来越不可爱。一个人要想变得人见人嫌，并不需要干下什么坏事，只要吵闹和没有好样子就足够了！""好样子就是好人缘。""好样子比高分数更可贵。"反复说，反复说，唐僧一样逮着机会就念叨。这些"话儿咒"，这班孩子早已耳熟能详。

"这三个分别长得像老鼠、蟑螂和蚯蚓的人商量说：'让我们牵一头大象过来，使劲打它。让它疼得受不了，这头大象就会发疯，就会沿路冲下山去。那个老人，他还会那样安静、温柔吗？'三个人想象着大象踏死老人的情形，或者……"

"或者老人被吓得大叫逃跑的样子。"

"三个人想象着大象踏死老人的情形或者老人被吓得魂飞魄散的样子，都开心地笑了起来。

"于是，他们牵来了一头大象。这是一头非常安静、非常温和的大象。大象为什么这么安静、温和？"

"因为大象很强壮。因为大象知道自己很有力量。"

"是啊，真正的强大是安静的。一个人安静的程度，就是他强大有力的程度。"

四

"这是一头一向安静、温柔的乖象。三个人开始使劲地打这头大象。他们用很粗的棍子抽它，用很尖的铁钉扎它。因为太痛了，大象发了疯似的从山上冲了下来。

"眼看大象就要撞上老人了！就在这一瞬，背对着大象的老人发出象王的怒吼。那吼声，充满威严和愤怒，如同滚过天空的雷霆，如同划过夜空的闪电！大象狂奔的脚步被来自父王的震怒制止。象王在对谁发怒？"

"象王在对大象发怒。"孩子们轻轻回答。

"是的！象王在对大象发怒！象王的意思是：挨打能够成为你发疯的理由吗？疼痛就可以让你不顾一切地横冲直撞吗？"

"不能。不可以。"很多孩子的眼睛都湿了。

"挨打也不能发疯！疼痛也不可以横冲直撞！一个高贵、有力量的人，无论遇到什么情况都不该失去自己的安静与温柔！这是多么严厉的要求！这是多么高贵的愤怒！这是一个伟大的父亲对一个将来注定变得伟大的儿子才有的愤怒和要求。这一声怒吼，听起来无情，其实包含了很深的父爱！你们懂吗？"

"我们懂。"

学生异口同声的一声"我们懂"，顿时令看云热泪盈眶！这一刻老师知道：自己所有的心血都没有白费。尽管他们还会淘气，还会吵闹，还会用失望和沮丧刺穿老师。

"大象也懂了。它停下疯狂的脚步，跪伏在老人脚下，把头低进尘土。老人慢慢转过身子，缓缓抬起手臂，把他的手轻轻放在大象的鼻子上，从上到下温柔地摩挲。然后，老人对大象说：'孩子啊，你忘记你的温柔和安静了吗？'大象的疼痛与愤怒立刻消失得无影无踪。不仅如此，它还觉得有一股说不出的舒服和力量，从老人的掌心流遍全身，灌注在全身的每一个毛孔！它觉得：自己比从前更强大、更威猛了。

"从那以后，无论遇到什么情况，无论遭到怎样粗暴的对待，大象也不会忘记自己的温柔和安静。"

安静。大约过了五秒钟，有满足的掌声轻轻响起。

这是星期三上午第一节语文课上的讲述。

这样的故事，就该用一天里最好的课时讲给孩子听。

五

有没有见到过这样的孩子？他们具有一种安定。我们在他们身上发现一种精神的美，一种来自生命源头的恬静——信仰。他站在那里，好像上面有一根来自精神世界的线在拉着他，他高贵地站在那里。这就是人类能抗拒地心引力直立行走的原因。

（萧望野）

斯坦纳说，阅读一个人的步态，大约可以给他相命。

梅尔·列文说，一个人优雅的步态，隐藏了他所拥有的人际关系的全部诀窍。

每个班都会有一两个孩子，下课总是骚扰同学，上课总是自以为偷偷说话、偷偷做小动作不会被老师发现。这种偷偷摸摸的常态，迟早会让这个孩子变得贼头贼脑而不自知。而孩子总是游离于课堂和当下的漂浮状态，更令他容易失去教师对他的信任。对于这个别孩子，屡教不改之后教师能够和应该做的就是：要求周围孩子不要看他，要求自己不要看他。忽略或许具有一定程度的治愈作用。盯住不放，只会强化他的毛病。孩子能感应到老师的关注，从而做出无意识反应，以"配合"老师，"满足"老师。

只有你先放松，才能把你和他从紧张对立的负面连接中解脱出来。教师要用自己的平静穿透孩子，而不被他穿透。

为什么之后不再提起那三个人？

> 应在故事里削弱邪恶的力量。也就是说，如果一个故事里面，有十分美好，有一分邪恶，这一分邪恶的力量将被孩子扩大到十倍以上，而把十分的美好都掩藏起来。一方面是孩子成长的阶段那种自我的力量会使他把这种邪恶的力量扩大；另一方面，邪恶的力量本身就具有这种穿透力。你会看到世界也是如此，可能会有十个美丽在这里，但是一个黑暗就会把这十个美丽摧毁。所以，这是个规律。如果我们能认识到这个规律，我们就会懂得，在幼儿阶段，要让美丽的光芒大，让邪恶的微乎其微，否则孩子就容易被邪恶的力量所控制。
>
> （萧望野）

邪恶的力量是有穿透力的。不仅对于孩子，对于老师也是这样。事实上老师往往甚至比孩子还脆弱，还容易被失望与沮丧穿透。这就是在64个人的大班里，63个孩子的专注，敌不过一个孩子的充耳不闻更能穿透教师的原因。很多时候，看云需要努力克制才不冲着那个走神的家伙发火，不要吓到全班同学——因为，那个孩子其实一点都没有影响到周边同学，但他却强有力地影响老师——穿透老师了。

安静、温和、包容，老师期待于孩子的，往往自己加倍远离之，老师需要加倍修炼之。

这正是——教室是道场，学生是同修。

2012 年 11 月 9 日

第一篇文言文：《季札赠剑》

一

季札赠剑
<small>zhá</small>

苏州评弹　文身断发

身体发肤　受之父母

季札　　　徐君

北有孔子　南有季札　南北二圣

《史记》　　司马迁

"季札赠剑，季札赠剑，季札赠剑！苏州评弹，苏州评弹，苏州评弹！文身断发，文身断发，文身断发！……"习惯使然，一俟看云书毕，手指处，弟子们便雄赳赳地将板书诵读三遍。此为凝心聚气！

查字典，认识书香蕴藉、古意盎然的一个"札"字。学生觉得好有趣！

"上有天堂，下有苏杭。自古以来号称人间天堂的两座城市啊，一座是杭州——"

"一座是苏州。""苏州也叫姑苏。"唠嗑似的，学生接话。

"春秋时期，苏州是吴国的国都。老师常去苏州，老师对这座城市很有感情！苏州真是一座又秀丽、又有文化的城市。那里的人很斯文，很优雅，温温软软。最能代表这种斯文、优雅和温软的，应当是当地的苏州评弹。呀，好绵软，好细腻，好好听……"孩子们的表情变得有些古怪。"我们学唱过京剧、豫剧和黄梅戏，以后有机会，如果你们乖，老师一定要和你们一起学唱苏州评弹！"老师的兴奋丝毫没有感染到孩子们，他们的表情依然古怪，如坠云里雾中。

"你们知道吗？远古时代的吴国可不是个文明的国家。远古时代的吴国，是个落后荒蛮的地方。当北方中原人民相信'身体发肤，受之父母'的时候，他们还保留着文身断发的原始习俗。文身断发是什么意思呢？"

"在身上刻字、刻画！""老虎！大龙！""把头发咔嚓了！"男孩子兴奋起来！教室里的气氛也变得有些火爆。

"可是，从春秋之前的西周时代开始，中原地区的人民就相信'身体发肤，受之父母'！想一想，当你生病或受伤的时候，父母多么心痛、焦虑啊！所以，爱惜身体是孩子对于父母第一要尽的孝道！你们下课休息的时候，一定不能疯跑，上完体育课一定不能吹凉风。窗边的同学，把窗子关小些。你在这边不觉得，小小的一股风，吹到那一边就是大风了。那边的同学感冒了，也会传染给你！如果你感冒了，父母会很心疼的！

"我们回到故事中。也就是说，在'季札赠剑'这个故事发生的年代，吴国还是一个尚武好战的国家，这一点在课文《卧薪尝胆》中可以证明。会稽之战，吴国好凶猛！可是在夫差之前，吴国王族出了一个了不起的圣人，他就是季札。季札不爱权势，几次辞掉王位。季札对于中原的《诗经》、礼乐很有研究。季札曾佩剑出使中原，他那优雅的风度、丰富的学识、超人的智慧，令中原各国的诸侯大夫、文臣武将折服！不仅如此，季札还是一个特别忠义、特别守信用的仁义君子！'季札赠剑'的故事就是证明。

"我们知道，在古代，宝剑对于男子是多么重要！宝剑往往是一个人的身份、地位、德行的象征。当时的男子，为了得到一把好剑，宁可倾家荡产，不惜一掷千金！在古代，赠剑是朋友之间表达感情的最高形式，赠剑就等于交出自己的一颗心！所以才有这样的诗句：游人——五陵——去，宝剑值——千——金——

"分手脱——相——赠，平生——一片心——"

这是孟浩然的《送朱大人秦》。

讲述"季札赠剑"，是对古诗吟诵的呼应，正如"霸王别姬"是对《垓下歌》的延伸。

二

以上讲述，婆婆妈妈，有些像聊天。可是，当吟诵之声戛然而止，老师表情庄重地捧起一本厚重素朴的大书的时候，班里的气氛立刻变得肃穆。

"这就是《史记》。《史记》的作者是——"

"司马迁。"孩子充满敬意地念出那个伟大的名字。

"'季札赠剑'的故事来自《史记》中的这一段。老师每次读到这一段，都会忍不住落泪。现在我来读原文。文章的意思你们听不懂，但是没关系！听不懂还能安静地听，这比听懂更了不起。"

> 季札之初使，北过徐君。徐君好季札剑，口弗敢言。季札心知之，为使上国，未献。还至徐，徐君已死，于是乃解其宝剑系之徐君冢树而去。从者曰："徐君已死，尚谁予乎？"季子曰："不然，始吾心已许之，岂以死倍吾心哉！"

一遍读完，孩子们表情肃然，因为文句的节奏和老师声音的感染。再读。放下《史记》，开始了缓慢凝重、充满感情的讲述。

三

故事讲完了，教室里一片安静。然后重温那种情意，那种精神。

"徐君喜欢季札的宝剑，可是徐君说出来没有？"

"没有。"

"徐君的心思季札看出来没有？"

"看出来了。"

"宝剑是一个使者必须佩戴的礼器！宝剑象征了国家的尊严！在完成出使任务之前，宝剑是绝对不可以送人的。于是季札暗暗决定：'等我完成出使任务，回头就把宝剑送给徐君。'这个暗暗的决定，季札说出来没有？"

"没有。"

"季札终于完成出使任务归来了！再过徐国，徐君却已经死了。季札就把在心里答应送给徐君的宝剑系在徐君坟头的树上。然后，季札毫无遗憾地离开。只因为他在心里答应过徐君！面对这种承诺，连死亡都变得无能为力。'不然，始吾心已许之，岂以死倍吾心哉！'季札这样做，不光是为了朋友，也是为了对得起自己的心！这就是中国人奉为最高道德规范的忠义和诚信！两千多年过去，多少王侯和皇帝的名字化为尘土，可是季札系在徐君坟头树上的那把宝剑，一直光芒四射地照耀在中国人心中。"

这是星期三的讲述。

四

星期四，老师不打算照原样重复故事，而是将那段文言文带进课堂。老师知道：时候到了，这样更能满足孩子。

再次展示《史记》素净的封面，再次念叨"司马迁"。

小黑板挂起，孩子眼睛亮了起来。"季札之初使，北过徐君……"他们情不自禁出声念道。

"听老师读一遍。"老师的朗读，一开始就裹挟了孩子按捺不住的轻声跟进，需要解释的只有一个"冢"字。

"忍耐一下，让我教你们读一遍。"

一遍教过，他们放声朗读，居然读得挺流畅。三遍连读之后，"谁能站起来独自朗读？"

刘传星、杨羽西举手。单读旋即变成齐读。没等二人读完，就有一半人举手。

"原来你们都行。那我们齐读吧。刘传星、杨羽西，下课去我那里喝普洱茶。"

"唉……"一片叹息。

"你们不该这样的！"老师正色道，"第一，他们先举手的；第二，他们是你们的同学和朋友，你们应该发自内心地为他们感到高兴。这才是季札的风度！这才是君子的样子，所谓君子坦荡荡——"

"小人长戚戚！"全班都高兴起来。

下午再读。三遍响亮流畅的齐读之后，"有谁能够像老师这样一气呵成？"没有一个人举手。"汪博涵！"老师冷不丁喊，刚才齐读的时候，老师已经像星探似的锁定她了。

果然，这孩子以很快的速度且很有感慨地诵读下来。

老师当然知道诵读不该急速。但是，学习之初，为了让孩子体会到经典文言文一气灌注的文脉和劲道，就得这样！

掌声中，很多人举手。

五

星期五再读。一遍下来，王曼林说："老师，我已经会背了！"

"三分钟时间，抢背！"指令一下，教室里一片急急诵读的声音。"哆哆笃笃"——如同小鸡心无旁骛地抢食米粒。

"时间到！"王曼林、李想、张雪涵、吴轻飞起来背诵。当他们背诵的时候，坐着的孩子也紧张地跟着轻声同背。举手的人越来越多，"呵呵，这么多人会背诵。请把手放下，我们齐背！"

整齐响亮的背诵应声而起！

"背得真好！比背诵更让老师高兴的是：当我要你们把手放下的时候，没有听到一声叹息！"

滥竽充数者一定大有人在。星期一，还要再诵、再背。

"徐君已死，尚谁予乎？"季子曰："不然，始吾心已许之，岂以死倍吾心哉！"

老师一再为之落泪的句子，希望种到孩子心里。必须偕同了这样的沉挚感人的声音文字，故事里的精神，才能深入实在地进入孩子心中。

姑且命名为"季札赠剑"吧，这是这一届的第一篇文言文。就在前天，打开《史记》之前，老师也没有想到会是这样。

六

开学到现在，讲过的故事有：《安东和女孩》《霸王别姬》《安东会变魔术》《蒲公英种子的旅行》《勾践亲尝大便》《潮神伍子胥》《六尺巷》《疑人偷斧》《闻鸡起舞》《老人与大象》《华佗和紫舒草》《季札赠剑》。讲述往往结合《品德与生活》以及《语文》教材中的课文等内容。

这和上一届有很大的不同，十二个故事中，九个是中国老故事。这一届当然应该和上一届不同，因为班级图书架上几乎全是外国图画书，比如这一周的《三个强盗》和《豆蔻镇的居民和强盗》，比如下一个单元的《长袜子皮皮》以及后面的《石头汤》《一粒橡子的奇遇》《一片叶子落下来》……

这也许就是在讲述的课堂上，学生格外喜欢听中国老故事的原因。这些老故事，确实不能带给孩子听《蚯蚓的日记》《可爱的鼠小弟》那样的轻松和快乐，然而，孩子深层的安详与满足告诉老师：这正是他们在课堂上最需要的。

讲述不是为了娱乐。情节简单，精神丰富，这样的老故事最滋养人。"蚯蚓""鼠小弟""卡梅拉"之类的图书，完全可以放在班级图书架，让他们自己看——而且是借回家看一整天。这样更实在、更过瘾。

2012年11月23日

最强大的勇士

今天下午,再次讲述《最强大的勇士》。

"就在他们拽着王冠又抢又吵的时候,三个孩子谁也没有注意,来了一个巨人!"

老师的身子往上提,待自己变得足够巨大:"吵什么吵!吵什么吵!吵什么吵!"老师的声音既不响也不凶,语气和眼神都透着居高临下的藐视。学生们乐了,老师也忍不住笑场。老师努力忍住笑,接着用鄙夷的语气说:"'最强大勇士的王冠,是你们三个小东西可以争夺的吗?'说着,巨人伸出手,捏起狮子,夹在胳肢窝;捏起熊,夹在胳肢窝……"

"捏起大象,夹在胳肢窝。"他们重复昨天的讲述。

"不,大象就捏在这只手的拇指和食指之间!'让我告诉你们谁是最强大、最可怕的勇士。现在,我就把你们丢下悬崖!'"

"呵呵!"

"你们不应该笑的,"老师的语气变得凝重,"我为什么说是三个孩子?他们真的就是三个不懂事的小男孩!他们不知道,真正的强大不是让别人感到害怕,而是给别人带来安全和温暖!他们是凶、是调皮,可他们没有伤害老婆婆!现在,他们就要被扔下悬崖了,谁来救他们呢?"明明知道结局的孩子,安静地听着,"就在这时,远处传来一声严厉的训斥!"

"小志——"在全班尖叫和呼喊声中,老师板书"小志"。和昨天一样,这是唯一板书。

"'我不想做勇士,我有自己的帽子。'老婆婆说。到今天,这顶王冠还金光闪闪地坐在密林深处的那块巨石上。你想要吗?"

"不想！"

"为什么？"

"我怕招来巨人！"

感谢庆子·凯萨兹。《最强大的勇士》能够给予孩子丰富的滋养。老师最终没有给孩子看图画书，因为聆听更能让孩子吸收故事中丰富的精神。

下周讲《狼大叔的红焖鸡》。周三不看书，周四看书。满页小鸡一拥而上的视觉冲击，是语言无法传达的。

2013 年 1 月 10 日

大白若辱、大方无隅

温书。再讲从前讲述中没有讲透的地方。

"关于大白若辱、大方无隅，老师想讲一个故事。"

指着板书"林巧稚"，"这是一个伟大的名字，请跟我念。"

"林巧稚，林巧稚，林巧稚。"孩子的声音里有被感染的崇敬。

"事情发生在1921年，离现在快一百年了。那一年林巧稚20岁。林巧稚的梦想是考取北京协和医学院。"

板书"北京协和医学院"。

"当时的北京协和医学院，是全国唯一一所拥有国际水准的医科大学，每年只录取25人。难度何止'万里挑一'，但考上这所大学是林巧稚梦寐以求的事情。全国只录取25人，这真是太难的考试！为此，林巧稚付出了长期刻苦的努力……"

老师的声音低缓、温存得仿佛有些吃力。并非故意如此，这是聆听者对讲述者的作用。是孩子，让老师在发出第一个字之前就能感应到林巧稚当时之所承受的。这是此前对成人讲述这个故事从来没有过的体验和领悟。这种体验和领悟，来自孩子的聆听。究竟谁更接近林巧稚的精神境界？当然是孩子。世上真正的"不言之教"在哪里？在孩子专注、信赖的眼神里。

"等林巧稚急忙赶回考场，考试已经结束。这是最后一场考试，这是她最拿手的英语。前面半张卷子她全对！可是再对她也只做了一半，再对她只能得一半分数。50分……协和，梦寐以求的医学殿堂……可她只做了一半……50分……50分……"

老师哽咽了。老师想不到自己会这样感动。

这真是一种难以忘怀的讲述体验：关于伟大人物的伟大精神的故事，如果你不曾给孩子讲过，你就从来没有进入，从来不曾拥有过这个故事！一定是孩子感动的聆听感染了老师。

　　安静。让人疼痛也让人升华的长时间安静。安静中，老师抑制不住得更加哽咽；安静中，很多孩子也哽咽了。后来想到：恰是这种长时间的安静，让孩子也让老师体验到林巧稚救助考生、离开考场的伟大。是对这种伟大的体验，让孩子和故事的精神对流互渗。

　　"一个月后，林巧稚收到了北京协和医学院的录取通知书。原来，监考老师把考场上发生的事情向学校做了汇报。学校综合林巧稚前几门的考试成绩和考试中救助别人的表现，决定录取她。"

　　老师的声音一点都不兴奋激昂。孩子好像松了一口气，但一点都没有表现出兴奋激昂。他们还沉浸在刚才的担忧和感动中——因为刚才的担忧和感动时间够长，程度够深。

　　如果故事讲得十分顺畅，如果在"救护"和"录取"中间没有足够的沉淀，那会怎样呢？

　　这都是事后才想到的。

　　问："这样的录取公正吗？"

　　"公正！因为医生最重要的是有爱心！""因为林巧稚是天下最好的医生！"一直静默的孩子好像醒过来一样，激动起来。"录取"带来的兴奋这时才显现。这是一种滞后的兴奋。

　　"医生最重要的是有爱心。林巧稚，一生接生数万名新生儿，她把自己全部都献给了这些新生儿和他们的母亲。林巧稚一生没有结婚，也没有孩子，她被称为'万婴之母'和'妇女儿童的保护神'。让我们永远记住这个伟大的名字。"

　　"林巧稚。"

　　"也让我们记住那次考试和那所录取林巧稚的学校。真正的公正，不是像利剑一样寒光四射；真正的公正，是包裹着爱，给人温暖！这就叫作大白若辱、大方无隅。"

　　孩子是否听明白了我不知道，但是我自己是想明白了。

　　感谢孩子！他们的聆听和吸收，让我读懂了《道德经》。

　　50分的细节是故意杜撰。恰是这一细节的杜撰，可以帮助孩子立刻感知故事"精神层面"的真和实。以后他们自会懂得。

2013年1月15日

三 个 儿 子

上学期末讲《道德经》时，发现孩子对于"第二遍"的讲述开始不耐烦，而这正与自主阅读能力的生长同时发生。

这学期开始，尝试周三讲述，周四不再重复。

"故事的名字叫三个儿子。"本学期第一个故事开始了。

"从前，有一个勤劳、智慧、慈爱、富有的父亲。凭借勤劳和智慧，他为自己也为三个儿子挣下了很大的产业。有一天，父亲想考考孩子们，就把三个儿子叫到跟前。考卷是什么呢？考卷是三间一样大小的空房间。考题是什么呢？考题是看看谁能用最少的钱买来装满房间的东西。"

"哦，我知道！"一个声音响起，没有同学理睬。

"大儿子买了什么呢？他用很少的钱，买了一大堆稻草，满满地装了一屋子！"

"呵呵！"

"不要笑！老师小时候家里穷，床上铺的就是稻草，然后才是薄薄的一层垫被。太阳出来的时候，别人晒垫被，我家晒稻草！晒过的被子很香对不对？"

"对！"

"晒过的稻草更香！那里有生命的味道！看着一屋干爽温暖的稻草，父亲高兴吗？"

"高兴！""他的床更暖和了！"

"第二个房间是空的！只见二儿子掏出一支蜡烛，擦着火柴。嗤！温暖的烛光，照亮了整间屋子，也照亮了父亲的眼睛。"

"啊！"孩子轻声赞叹。

"第三个房间也是空的。小儿子什么也没有掏出来，笑一笑，走到窗前，推开窗户！这正是一个月明风清的夜晚——"

"月光和风把屋子装满了！"

"沐浴清风明月，看着眼前三个儿子，父亲怎么说？他会说老大你比较笨，老二你比较聪明，小儿你最聪明吗？"

"不会！"孩子认真地说，声音里透着温暖。

"父亲会怎么说？"

"你们都很聪明！"

"对。清风明月不用花一分钱买！不用花一分钱的清风明月是美好的！然而寒冷的时候，稻草很珍贵；黑暗的时候，烛光很珍贵！"

忘了考题是什么，究竟谁最聪明已不重要。这是学生的感受，父亲的感受。而"这样的父亲"，是在"这样的讲述"过程中不知不觉生成出来的。孩子和老师一起，塑造出这样的父亲。

一个老旧的、禅的故事，为什么会讲成这个样子呢？因为我不想让我的孩子轻易判断，尤其不想让他们轻易贬低和嘲笑别人的智慧。

> 做出判断时，根据肯定的情感或否定的情感，我们对某件事情说"是"或"否"，对应着愉快或痛苦、喜悦或难过的程度。但是判定某种感觉为愉快或痛苦时，自我主义呈现的程度越大，则感受整个人生和整个世界是愉快或是痛苦的能力也就越差。换句话说，在这样的判断中，"自我"越是过度强有力地起作用，判断就必然更加主观，必然会偏离客观。对于这样的人来说是不幸的，与他们或许能够认识到的程度相比，他们的判断会无意识地偏离得更远。如果判断是针对社会而做出的，就会对社会造成不幸。所有这一切都和另一件事情有重要的联系，就是要在孩子生命的正确时刻唤醒他的判断能力。如果判

断能力被唤醒得太早，具体地说在十二岁以前，那么做出的判断很可能是主观的，不但如此，接下来的判断也可能缺乏一定程度的客观性。

（蔡尔兹《做适合人的教育》）

当判断牵涉人的时候，"客观性"就是同情心。

2013 年 2 月 27 日

关于蔡伦的艰难讲述

一

20日上午，四川雅安发生7.0级地震，为灾区同胞祈祷。

李伟航、王婕妤的日记中写到了地震；刘良宇、袁文轩的日记中写了《蔡伦造纸》，这让老师想起上周的讲述。

     蔡伦造纸
  帝制 宫女 太监（宦官）   腐刑
  东汉   蔡伦
  竹简   册 篇
  最初的纸 纸 丝
  蔡侯纸   纤维（树皮 麻叶 破布 破网）

这是板书。刚开始只有故事标题，之后内容随讲述次第写出。

"孙中山领导辛亥革命完成了一项伟大事业，那就是——"

"推翻封建帝制！"他们忆起《孙中山破陋习》。

"封建帝制很野蛮，缠足就是其中的一个证明。千百年来，缠足残害了多少女子的身心，断送了多少女子的幸福！封建帝制下，有一种男子也会受到残害。这种残害甚至比缠足还残酷，还惨无人道。它残酷和惨无人道到什么地步呢？我讲给你们听，都觉得困难、痛苦和羞耻。因为这种残害在中国有着悠久的历史。"

肃静。惊愕又渴望的肃静中，老师接着说："他们是在皇宫中伺候皇帝的奴仆。当时伺候皇帝的人——"

"女的叫宫女，男的叫太监。"

"是太监（jiàn）。"老师正音，他们笑。"也叫宦官。蔡伦就是一个宦官。太监，无论多么有权和有钱，他们也是低人一等的。为什么？因为身体残缺，而且不是一般和先天的残缺，是人为造成重大残缺。那就是……那就是……"

困难，痛苦，羞耻！老师陷入从未有过的犹豫和挣扎。明明可以避开不说的话题，是什么力量让老师觉得非说不可？是正在诵读的《十二感官》。在《十二感官》中，作为医师和人智学学者的艾伯特·索斯曼告诉我们：在人的本质中，痛苦始终处于生命觉的最高点，痛苦能够穿透灵魂的所有层面。好的童话故事应该符合儿童身体组织和生命觉的需要。在童话故事里，痛苦、乐趣必须平衡配置。可怕的情节以及对于主人公所受痛苦的感同身受，将给孩子带来真实的力量。

《蔡伦造纸》不是童话。然而身心遭受最重残害的人，竟能顽强葆有对书籍的挚爱、对文明传播的热忱，从而完成伟大的发明，几乎以一人之力推动世界文明的进程。此中不也蕴含着"真实的力量"？痛苦是灵魂的导师，人的伟大，只有在痛苦中才能彰显。

"那就是——"一片仰望的寂静中，老师一边小心翼翼地察看孩子的表情，一边小心翼翼地比画着说，"把小男孩的生殖器给切割掉。"

震惊、不解，几个男孩在窃笑。这样的反应，已经好得超过期待。

"遭受如此悲惨命运的是什么样的男孩呢？他们有的是穷人家的孩子，父母被迫把他们卖进皇宫；有的是俘虏或罪犯的孩子。生殖器这种东西，"老师更加小心翼翼地说，"对男孩是最重要的。所以，不幸成为太监的人，有些心理不健康，甚至会变得很坏很凶残。因为他们受到太惨的残害。以后学习历史你们会知道，明代的魏忠贤就是这样的一个大坏蛋。

"然而就是这样一群人中，也出现了伟大的人物、真正的男子汉，比如下西洋的郑和，《史记》的作者司马迁。司马迁不是太监，司马迁因为替李陵说公道话得罪了皇帝，才遭受最重的肉刑——腐刑。想一想，一个很有名望的成年人，一个博古通今的历史学家，遭受这样可耻的刑罚，真是生不如死！腐刑令他不止一次地想过自杀。《史记》基本是在他身受腐刑之后完成的。《史记》完成之后，司马迁不知所踪。有人说他隐居了，也有人说他终于可以自尽了，使命已经完成，不必再熬在世上'丢人现眼'。那个不能得罪的皇帝是谁呢？就是大名鼎鼎的汉武帝！而帝制，就是这样的惨无人道！"

寂静。裹挟了困惑、疼痛以及努力听懂的艰辛的寂静。已经没有人笑。然而老师觉察到必须补充说明："生殖器，就是男生小便的器官。腐刑，就是把男生小便的那个器官生生地割掉。"

有两个人在无声地窃笑，是男生。虽然并非出于冷漠，但老师还是忍不住说了下面的话："想想我们的身体，我们的手，我们的脚，好好的。把一个人身体的一部分给割掉，这么残酷的事，有人听了还能笑出来，这些人的心啊——"

"真的不善良！"孩子们轻声说。他们是对着老师说的，而老师刚才的话也是对着大家说的。

一段话毕，再也没有一个人能笑得出来了。

"我们的手，我们的脚"在弱化引发窃笑的焦点的同时，更让每一个孩子，对于身遭残害的痛苦有所感受。

"蔡伦是东汉时期的一个宦官，他改进了造纸术，是对人类文明做出伟大贡献的文化英雄。"讲述终于进入"正题"。

故事来自"中国童话"丛书。让看云大费周章的，是书中轻松的一句——"蔡伦是东汉和帝宫中的一个太监。"

看云不能确定自己的讲述是否合适。

二

"自始至终担着小心！那天的讲述好艰难！那时师生体验到双重痛

苦：讲述内容的痛苦，讲述过程的痛苦。因为学生不太懂得，三年级的讲述多了一些困难；然而等到高年级，这样的讲述基本不能进行。因为他们'知道'了，更因为高年级的生命觉不如低年级灵敏、干净、富于同情。成长真是一种丧失！教师要做的，是努力减少丧失。五年级学习《司马迁发愤写〈史记〉》的时候，我将重提今日的讲述。那时'今日之痛'已成回忆，'痛苦的回忆'可能会帮助孩子走近司马迁。因为痛苦处于生命感的最高位置，因为痛苦能够穿透灵魂的所有层面。"

"所谓民主、非独裁和一味追求快乐的教育，只会造就软弱的小孩。……如果没有痛苦，你将一事无成。因为学习本身就是一件痛苦的事情。你们坐在这里听我演讲，脸上写满痛苦。若是你们没有感到丝毫痛苦，你们就无法理解我所说的一切。我们期待没有痛苦的教育。……所以，当小孩提出要求时，就必须立即给他答案，绝对不能让痛苦的情况发生，不能让他等上一会儿。多数母亲很少有这样的直觉——知道婴儿需要一些哭的时间。"

小安朗声接道。其实她是在诵读《十二感官》。

2013 年 4 月 22 日

这就是屈原！

一

"我们都知道，春秋有五霸——""战国有七雄！"

"我们还知道，屈原生活在——""战国后期。"

"屈原也叫——""屈平。"

"屈原本姓——""熊！"

"姓屈是因为——""他是楚武王后裔，封地在屈。"

"战国后期，相对强大的三个诸侯国彼此争雄，它们是——""秦国、楚国和齐国。"

"三国各有优势——""秦国最强，楚国最大，齐国最有钱！"

"秦国的政策是连横，屈原的主张是合纵。对于屈原来说，合纵就是——""联齐抗秦！"

"屈原判断，如果以楚为首的合纵成功——""天下可能统一于楚。"

"如果以秦为首的连横成功——""天下可能统一于秦。"

"历史证明——""屈原是对的！"

"秦将白起破郢灭楚是在哪一年？""278 年。……不，公元前 278 年。"

"就在那一年，流放江南的屈原，满腔悲愤！""投了汨罗江。"

```
        春秋五霸    战国七雄
                      秦
                    ↓  ↓
        楚 ——————————————— 齐
             （联齐抗秦）
        前 278 年，白起破郢
```

二

三年级下学期开始,每周讲述都是周三只讲一遍,《飞将军李广》《百步穿杨》《宗棠弈棋》……都是中国老故事。要问孩子喜欢不喜欢中国老故事,但看老师自己喜欢不喜欢,且有没有本事把老故事讲得活色生香。

因为吟诵《元日》,所以讲述桃符和门神。因为《阅读力测试》有"人物故事"《屈原》,所以讲述掩袖工谗,且在今日重讲。

屈原(?—公元前278年),名平,熊姓,楚武王子瑕的后裔。由于瑕的封邑在屈,以封地为姓氏,所以姓屈。

全文共三段,这是开头的两句。为了让孩子听懂,从"公元前"开始,老师就须边读边解释,然后连起来慢慢再读。朗读《屈原》,用时两节课。如果没有此前一年一度讲过两次《端午节的故事》,昨日的朗读还要艰涩。

"这么深奥的文字,不能要孩子朗读,能够听懂就不错了!中国孩子就是中国孩子,无论懂不懂,都喜欢老师讲中国历史。左徒、王族、合纵、连横、楚辞、离骚、上官大夫、三闾大夫、虎狼之国、会盟通婚……这些词,他们听得那叫一个满足,就像吃到了美食!也许,这里有中国孩子才能吸收的灵性!"办公室里,看云感叹道。

"一是时候到了;二是在这之前,你给他们讲过很多。每次讲,都会想起来、串起来。"老君说。

再次讲述的内容和顺序与昨天大致相同,边讲边板书。因为是重复,所以讲述可以用对话方式进行。那些最先且准确接上话茬的孩子,总能得到老师激赏!

还是掩袖工谗,然而讲述如此阴暗的故事是为了衬托屈原的高洁。所以就须从屈原开始且围绕屈原絮絮而来。

三

"……怀王大怒，哼一声，传令下去——这就割掉了女孩的鼻子。想一想，一个从魏国远道而来的女孩，美丽、单纯、天真、孤独，正沉浸在王与王后双重宠爱的幸福中呢，瞬间就被割去鼻子，成了没鼻子的怪物。丑陋、残疾、孤苦、无助，生不如死！她要在生不如死的痛苦中挨过残生！这边，'你以后见王最好掩住鼻子'，是轻轻的、充满关切的话语；那边，'我真不想说，她是讨厌你的口臭和体臭'，是轻轻的、不情愿的话语。就这样，郑袖除掉了自己嫉恨的对手，拥有了王的专宠！王对她更加言听计从。那个不幸的女孩啊，到死也想不到，害死自己的竟是那样大度、那样贤惠，对自己亲如姐妹的王后；而糊涂的怀王，临终之时，也许还会想念大度、贤惠的王后呢！"

偏不说"美女"，把"美女"换成"女孩"，是有意的。这就让孩子和受害者之间有了连接。当故事进入正题，教室里只有老师的声音。"邀请加入"的语调和"独自讲述"的语调有所不同。时间长了，孩子能够听懂老师声音里的意味，从而在接到邀请时积极加入，在应该聆听的时候沉静聆听。

"聆听是比讲说更重要的能力。""第二次的听才是真正的听入。"这样的老生常谈，我的孩子早已耳熟能详。

"这就是郑袖：残忍、自私、狡诈、冷酷、阴暗、狠毒、虚伪。包围着屈原的就是这样一群人：残忍、狡诈、虚伪，而且人多势众。郑袖贵为王后，子兰是楚怀王的儿子——"

"顷襄王的兄弟。"

"上官大夫靳尚对于屈原则是——"

"充满嫉恨！"讲述回到对话状态，然而气氛压抑。压抑的气氛中，讲述缓慢而坚实地从最深的黑暗走向因黑暗映衬而真实有力的光明。"嫉恨"一词来自文章。

"当怀王信任屈原的时候，靳尚嫉恨屈原如同——"

"郑袖嫉恨女孩！"

"这就是屈原所处的环境！这就是包围着屈原的黑暗势力！然而屈原从不退缩，从不放弃，对于祖国的爱至死不渝。这就是屈原！国，最终还是亡了；人，最终自尽于江水。屈原真的全然失败了吗？"

"没有！""他的诗歌流传下来了。""他的精神也流传下来了。"

"对。凭借由他创始的楚辞，凭借《哀郢》《橘颂》《离骚》等不朽诗篇，直到今天我们还能感受到屈原的伟大精神，尤其是当我们吟诵的时候。知道不知道？《橘颂》这首诗里，屈原赞颂橘树的高尚、纯洁、美丽、坚强，其实这也是他自己啊。借助于伟大诗篇，屈原的精神，穿越死亡，永放光芒！端午节时，我们就吟诵《橘颂》。"

到此为止，基本都在重复昨天的内容。如何可以让孩子对于听过的故事葆有新鲜的吸收状态？很简单，那就是老师以新鲜的状态再次把故事带给孩子。老师的状态当然新鲜！因为：对于人心的险恶，老师有着永远不能平息的震惊；对于伟大的灵魂，老师有着永远不能消减的敬仰。

"屈原精神流传下来的证明是什么？"

"诗歌。""《离骚》。"

"如果只有诗歌，如果诗歌没有养出和他一样的灵魂，就不能算是精神流传。"

"诸葛亮。""杜甫。""陆游。"……

"还有呢？"老师期待着。

"岳飞！"刘传星说。

"还有吃粽子、赛龙舟的端午习俗。"

反复，但每次都要有一点新东西。正是这一点新东西，让旧知得到往泥土里生根的力量。

以上是今天上午的讲述记录。

四

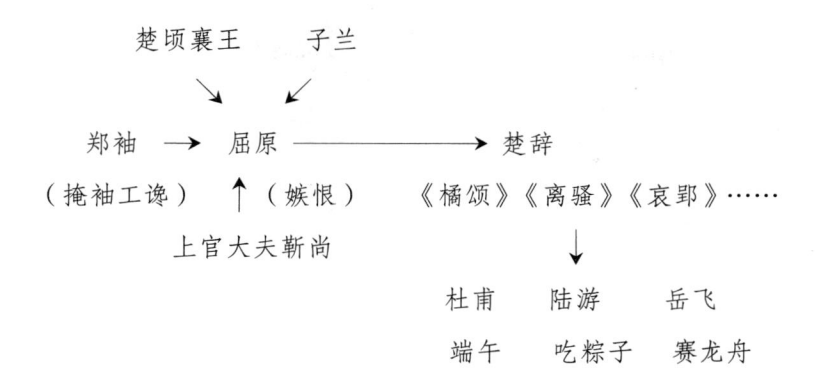

```
        楚顷襄王    子兰
            ↘    ↙
   郑袖  →   屈原  ─────→  楚辞
 （掩袖工谗）  ↑ （嫉恨）  《橘颂》《离骚》《哀郢》……
  上官大夫靳尚              ↓
                     杜甫   陆游   岳飞
                     端午   吃粽子  赛龙舟
```

"我还有一个问题想问你们，"下午，孩子朗读一单元课文结束，老师突发奇想，"伤害屈原最深的是谁？"

"郑袖！"条件反射似的，他们脱口而出。

"肯定不是！"老师转换话题，"屈原最爱的人是谁？"

"楚怀王！"骆惠娟、刘传星、李想同声喊出。

"天呐！"老师激动得几乎落泪，"你们怎么知道的？"

"因为楚怀王信任过屈原。""因为屈原把理想寄托在楚怀王的身上。""讨论国事……""起草宪令……"

"屈原失败是因为小人进谗言，更是因为王竟然听信谗言。楚怀王身上寄托了屈原全部的梦想。当楚怀王被秦国扣押而死的时候，屈原的心已经死掉一半；当国都被白起攻破的时候，屈原已经没有继续活下去的理由。所以啊，最深的伤害，往往不是来自敌人，而是来自你爱的人，因为他不信任你。"

铃声打断老师的激动。孩子在老师的激动中呼啸而去。

然而老师觉得满足。因为我知道，让老师如此说的原因是，可以如此对他们说了。

孩子在长，我也在长。

2013 年 5 月 30 日

从《正男》到《窗边的小豆豆》
——兼谈整本书阅读引领

一

《屈原》《蜗牛》《正男》《小黑羊》《小王子访问点灯人》……《阅读力测试》还是让孩子朗读了。本该如此。

都是因为正男。

"母亲的名字叫焦虑。好老师亦然。"这是看云的口头禅。怀着感同身受的焦虑与牵挂,老师为孩子朗读:

阿姨的裙子长长的,胸口的部分很宽大,还有一个蝴蝶结似的东西。这位阿姨总是大声叫着孩子的名字:

"正男!"

五六个孩子在窃笑。因为老师声音的凄厉和轻颤。不理会,接着读。老师期待下文能让他们明白:

的确,这位阿姨每天都叫着正男的名字,一般来说,叫"正男"的时候,"正"和"男"都要用重音来念,但是,这位阿姨只是把"正"字说得很重,而且,她高声地拖着尾音的喊声,让人听起来感到很悲凉。

一段关于声音的解释读毕,从头再读:

从小豆豆家到车站的路上,有一个朝鲜人住的长房子,当然小豆豆并不知道那些人是朝鲜人。小豆豆只知道其中有一个

>阿姨,她的头发从正中间分开,梳成垂髻的样式,穿着白色胶皮靴子,靴子稍显肥大,头上尖尖的,像是一艘小船。……

对于看云来说,这段外貌速写带来亲切的回忆,也揭示出这个"母亲"的贫寒、洁净、胆怯、忧虑。然而这些都不必告诉孩子,老师只需把感受放到声音里——

>阿姨的裙子长长的,胸口的部分很宽大,还有一个蝴蝶结似的东西。这位阿姨总是大声叫着孩子的名字:
>
>"正男!"

还是有两个人窃笑。停下来,老师叹息一声:"是我没有教好你们,所以你们才如此缺乏同情心。要不,就是老师没有读出阿姨的可怜。《正男》选自《窗边的小豆豆》,一年级暑假,老师布置父母为你们朗读的作业。笑的同学大约没有听过《窗边的小豆豆》。无知所以无情。总之这都是老师的错!责任不在你们。"

老师的检讨像一粒明矾,令教室里的气氛澄澈、肃穆。窃笑者面露惭色,正襟危坐。老师接着读:

>小豆豆知道正男,他比小豆豆大一点,可能上二年级吧,不过不知道他在哪里上学。正男的头发总是乱蓬蓬的,经常领着一条狗走来走去。

"豆豆和正男都是小学生,和你们相仿的年纪。我们可以想到:这个名叫正男的小孩有多么孤独!幸好还有一条狗陪他走来走去,否则包围着他的尽是什么?"

"嘲骂。""欺负。""围攻。""朝——鲜——人!"

就这样边读边议。孩子于是了解到男孩的孤独、迷惑、愤怒,母亲的焦虑、无助、担忧,还有豆豆母女的慈悲、善良。老师的声音本来就轻——越来越轻,仿佛害怕碰疼一颗惊恐、受伤的心。

小豆豆还很难理解这些事情，但是，她毕竟明白了，那个叫正男的孩子，无缘无故地被人嘲骂，所以他的妈妈才总是那么担心地找他吧？

于是讲到殖民统治时期，日本统治者如何残害、虐杀忠于母邦、坚持学习母语的朝鲜人。讲述内容来自《兔之眼》中爷爷的回忆。四年级时，老师会向他们推荐获国际安徒生奖特别优秀奖的《兔之眼》——同样来自日本的儿童文学杰作。

"问问你们的妈妈，哪一个母亲没有做过有关孩子的噩梦？哪一个母亲不是经历担惊受怕把孩子养大的？而正男母亲，几乎每时每刻都活在这种担惊受怕中。担忧、焦虑、无助、无力，这就是弱国子民寄人篱下的感觉……"

当第二天早晨，小豆豆又从山崖下面路过的时候，仍然听到正男的妈妈大声地叫：

"正男！"

这是第二次的呼唤。这一回，老师和孩子都哭了。感谢孩子，他们带给我独自阅读不能有的释放与凝聚、沉淀与升华。

就这样一直读到结尾。讲述时间是在上周四的早晨。下课的铃声即将响起，老师说："来，我们读最后一段。"

正男妈妈的声音，有一种异样的焦虑感，仿佛夹杂着某种不安，拖着长长的尾音。她的叫声有时候会被旁边通过的电车的声音淹没，但是这句"正男"的叫声，却是如此寂寞，如泣如诉，让人只要听过一次，就永远难以忘怀。

压抑、悲苦、凄凉，充满同情。这样的朗读，老师听过一次也是永远难以忘怀。

二

于是有了如此滋养孩子和老师的朗读。

"黑柳彻子其实就是小豆豆。知道吗？因为《窗边的小豆豆》，黑柳彻子成了联合国儿童基金会的亲善大使，这是一个光荣、艰辛甚至危险的职位，这个职位的意义在于增进世界各国儿童的友爱和福祉。在亚洲历史上，黑柳彻子是出任这一职位的第一人。而这一切，都与小豆豆的童年，尤其和小豆豆母亲给予小豆豆的教育密不可分。"

到今天为止，《屈原》《蜗牛》《正男》都已读过两遍，《小黑羊》明天再读。至于《屈原》，朗读之前老师如是动员："在日记里老师写道，《屈原》绝对不能让三年级孩子朗读！因为《屈原》太深了。但我们不妨试试。对于你们没有失败可言，竭尽全力就是胜利！"

"哼！"他们有些不服，仿佛被小觑了。

> 在黑暗势力摧残下，屈原的政治主张无法实现。但是，屈原对中国古代诗歌的发展却作出了卓越的贡献。屈原是楚辞的创始人、奠基人。他的诗思想性、艺术性高度统一，《离骚》等一系列诗篇抒发了他对祖国、人民的无限热爱和对黑暗势力的无比憎恶。屈原的诗是中国文化史上的瑰宝。

《屈原》真的很难懂！然而我要说：孩子读得真好！朗读结束，教室浸入深沉的宁静，无人舍得发声打破这种庄严、尊贵、凛然的宁静。历史的厚重，团体的自豪，尽在其中。

"吃进身体和灵魂的食粮都需要用嘴，朗读就是吃进。"

《十二感官》令看云如此了悟。

三

"谁读了两遍《窗边的小豆豆》？"今天上午，老师问。

"我！""我！"五六个人举手。

"三年级的学生能读《窗边的小豆豆》已不一般，读两遍就更不一般！希望你的回答是诚实的。"

举手的只剩黄昕茹和王曼林。

"黄昕茹，谈谈你的重读感受。"

"嗯，我是昨晚才读完的。毕竟这是一本很厚的书。"孩子边说边比画出书的厚度，用着一种对自己很满意的语气。

"因为课上朗读《正男》吗？"

"不，是上上个周末，翻开《阅读力测试》，看到《正男》，我就从书架上取下这本书，重读《窗边的小豆豆》了。"

"重读的感受如何？"

"很好！"孩子的眼睛瞬间亮起，"我最喜欢开运动会那一节……"

"如果愿意，把你的重读感受写出来。这对全班同学都是一个引领！老师需要你这样的领头羊！今晚可以吗？今晚作业多不多？"

"可以！不多！"孩子斗志昂扬地回答着，如同深得信任的猛将，从元帅那里欣欣然领命而去。

"好有成就感！"看云对小安说，"三年级了，可以给孩子布置任务，与我协同作战了！"

四

吴轻飞、黄昕茹、李想、郭与然、刘雨彤、王曼林、程嘉玲……这些孩子二年级就能读整本字书了，老师看在眼里，忍住了不去表扬，为的就是让这个班在这个阶段，得到图画书整体、充分的滋养。

直到今天，除了"笨狼"系列、罗尔德·达尔作品全集、《西顿动物小说全集》、《小女巫》、《桥下一家人》等三十来部整本字书，其余近三百本班级图书全部是图画书。"幼学启蒙"丛书、《小牛顿科学馆》、《淘气包埃米尔》、"彩色世界童话全集"、"波拉蔻心灵成长系列"、"动物之美"、《昆虫记》等字多的图画书尤得青睐。毕竟是三年级的学生了，

《可爱的鼠小弟》已不能满足他们。

下学期开始,"彩乌鸦系列"、新蕾出版社"国际大奖小说系列"、"林格伦儿童文学作品集"……将陆续进入班级。然而学生升到四年级,他们首先接触到的新书,还是图画书"中国童话"丛书,而且是两套七十二本。不仅是"中国童话"丛书,"林格伦儿童文学作品集"、《西顿动物小说全集》我们都会进两套甚至三套,一是为了方便孩子都能看到,二是为了压抑孩子求新求奇的心,逼迫他们重读、慢读、真读。五色令人目盲,五音令人耳聋。教师和父母有责任保护孩子,让他们免受过多选择、过多刺激带来的伤害。

从前以为,"整本书教学"近似于伪命题。生命是往上行的,生命自动追求完整。时候到了,正常、普通的孩子自然能读整本书。我们当年是这样的,有什么理由小看了今天的儿童?

而今以为:面临声光电的眩惑、电子媒体的强势,部分孩子确实需要引领才能走进整本书。即便如此,"整本书教学"也要警惕细碎化、概念化——也就是"教学化"。孩子能力需要的是涵养而不是提前唤醒。一、二年级,当孩子还沉迷于《可爱的鼠小弟》《鼹鼠的故事》的时候,老师开列书单:《一年级鲜事多》《电话里的童话》《长袜子皮皮》《夏洛的网》……请父母在假期为孩子朗读。这是携带亲情的播种。相信时候到了,孩子自会从听过的好书开始,自己看进整本书。在此之前,充分适宜的聆听、充分适宜的诵读、充分适宜的图画书阅读,都是对自主阅读能力的可靠而温馨的涵养。类似《正男》这样的精读,也是很好的引领。

更好更可靠的引领发生在孩子与孩子之间。

这个暑假,老师将要求孩子阅读或重读以前听过的整本字书。黄昕茹的重读日记,是一个动员的意思。

对于三年级孩子来说,"重读感受"很难写。看云一向反对让孩子做阅读摘抄、写读后感,看云确信这样会让孩子讨厌阅读。然而如何解释今天布置给黄昕茹的战斗任务呢？明天老师将隆重朗读这篇特殊的习作，老师要的不是好文章，而是令全班羡慕的重读的荣耀！考试总是考第一的黄昕茹，好比雪藏三年的猛将。太早起用，就会成为刺激，让包括黄昕茹等在内的全班步履跟跄，且错过这个阶段应得的图画书的滋养。

当然，一定也有孩子到了六年级还只能读《丁丁历险记》，那又怎样呢？

又当然，这一届的重视重读，颇与老师在这一届的阅读体验有关。

"好书重读最长功力！我是喜欢重读的。"

"我也是！""我也是！"这是课堂上经常发生的情形，这也是有意的反复和灌输。

五

5月25日，长沙市芙蓉区育才学校新落成的音乐厅里，看云讲座结束，进入互动环节，一个漂亮的青年女教师说："薛老师，您那套班级工作日志对我们帮助很大，我们都把它当作宝典来读……"

"你们做得很对！"看云大声鼓励。

"我想问的是：回头再看过去的那个六年，你想对我们这些青年教师说些什么？或者，今天的您对自己有什么新的要求呢？"

"这真是一个好问题！回头，我要让自己慢下来。不求早、不求深、不求快、不求多；努力做得从容、有节奏；更多考虑孩子身心灵均衡发展的需要。这样，顺带着我的发展也均衡、有节奏了。"

2013 年 6 月 5 日

四年级

SI NIANJI

希腊神话故事讲述记（一）

一

从《盘古开天地》开始，一到三年级的讲述以中国故事为主。星期三讲一遍，星期四再讲，板书和语言基本不变。从二年级开始，总有孩子的日记内容为"薛老师讲故事"。

儿童通过聆听讲述而习得语言，语言因为加载到故事中而被吸收，斯坦纳如是说。看云补充的是："讲述技巧和作文方法亦然。"

三年级下学期开始，第二遍中国故事讲述的吸引力开始减弱。

四年级开学，照旧讲中国童话，隔了一个暑假且升了一级的孩子，听《含羞草的故事》时的眼神和表情，让老师的讲述难以为继。至于"第二遍"，更是无法开口。

四年级了，他们似乎不再相信仙女、菩萨啊这些变来变去的、大团圆的神话故事。怎么办呢？

之后的四个星期，讲述失去了方向，东一个西一个勉强维持着。确切说是坚持。"四年级了，我们已经具备自主阅读能力，不需要老师讲故事了。"好几次话到嘴边又咽了回去。

直到学到《普罗米修斯盗火》这一篇课文。

"当普罗米修斯在高加索山上无穷无尽地遭受苦难的时候，普罗米修斯的心里有没有惦记什么？"

"有！他惦记可怜、弱小的人类！"

"当普罗米修斯在高加索山上孤独地忍受痛苦的时候，他心里有没有期盼？"

"有！他希望人类救他。"

"哦！这需要足够强大的耐性，足够漫长的时间！因为火，黑暗、寒冷和恐惧被驱赶；因为火，人类吃到了熟食，体力和智力大大增强；因为火，人类可以冶炼金属，打造工具和武器；也是因为火，漫漫的夜晚不再难熬，人们可以聚在火边学习交流，唱歌跳舞，增长知识，增进友谊……这就是——"

"人类文明向前迈进了一大步！"

"如果人类忘记普罗米修斯，那是多么悲哀，多么令人沮丧的事情！这不仅是普罗米修斯的失败，也是人类的失败。宙斯将如此嘲笑：'看吧，傻瓜！这就是你念念不忘的人类！他们忘恩负义、渺小自私，根本不值得你这样付出！'然而宙斯想错了，普罗米修斯带给人类的，是文明的火焰，也是精神的火炬——不畏强暴、勇于抗争的英勇的火炬。就这样怀着希望等啊等啊，等待人类慢慢强大，强大到有力量、有勇气拯救自己。这一份期待和信心，才是普罗米修斯敢于承受、能够忍受巨大痛苦的原因！而大英雄赫剌克勒斯的箭，代表了整个人类的尊严！读——"

  普罗米修斯忍受巨大的痛苦，但他不后悔，也不屈服，情愿为人类而受苦。不知过去了多少年，普罗米修斯的英雄壮举感动了希腊大英雄赫剌克勒斯。他不远万里来到了高加索山的悬崖下，张弓搭箭，射死了凶残的鹫鹰，把普罗米修斯救了下来。

  普罗米修斯终于获得了自由。

二

  就在那个热血偾张、群情激奋的下午，困惑得到了解答，坚持得到了回报。孩子置身神话境界，对英雄命运的热切关注和对故事结局的巨大满足，让老师看到了方向。

然而，对于四年级的孩子们来说，希腊神话故事大多不适宜进入课堂。这就需要寻找、摸索、整理甚至漂白。恰是这种挑战，给予老师满足。

就这样，从《法厄同》开始，我们回到一年级的讲述：板书、诵读、重复讲述。不仅如此，还让孩子将板书记在教材的空白地方。

"这是笔记，希望你们能按照笔记中的提醒讲给父母听。"老师指着板书期待道。那块大小适宜的黑板，真是老师自制的。

分享孩子的日记：

> 今天，薛老师给我们讲了太阳神阿波罗的儿子——法厄同的故事。
>
> 法厄同是阿波罗喜欢的儿子之一。一天，年轻又强壮的法厄同对阿波罗说："爸爸，我想试着驾驶您的车子，可以吗？"但父亲不同意。之后，在法厄同的坚定说服下，阿波罗说："好吧。不过我倒要提醒一下你，打开黎明之门的时候要一直向前走，不要拉太紧，那样马就不会受惊；也不要拉太松，太松了马就会疯跑，一刻也不会停，很快就会消失得无影无踪，你和太阳就会掉入大地。"
>
> 法厄同答应了。于是，父亲打开了黎明之门，突然，眼前的一切令他惊呆了——这里蓝晶晶的，什么也没有，连东南西北都分不清，只有法厄同、两匹神马和一个太阳。而且，神马今天感觉到了背上坐的不是主人，是别人。神马想：今天换了一个人，说明我们能乱跑！一开始，法厄同吓得大喊："爸爸，爸爸，快来救我啊！"可是阿波罗哪里听得见。就在这时，法厄同松了手，神马就一下子跑掉了，就像阿波罗说的那样，立刻跑得无影无踪。还有，马跑了以后法厄同和太阳掉入了地上，永远也回不到天上了。
>
> 当然，太阳掉入地上以后，把那个地方烧成了"黑炭"，

包括那里的人，那个地方就是现在的非洲啦！

"呵呵！"我们都笑了。

（康玟君《法厄同》）

《法厄同》讲述的是精神本质无力对抗超大空间，从而失去平衡，被超大空间吞噬的故事。讲述难点有二：一是描述天庭无边际、无方向带来的压迫感、吞噬感；二是传达法厄同孤独渺小，从而精神塌陷丧失平衡感的恐怖体验。

孩子能够理解，因为老师将"恐高感"引入讲述。

三

宙斯有一个女儿，名字叫作忒提斯，是海洋女神。

一天，宙斯听到一个预言家说："如果忒提斯嫁给一位天神的话，她就能够生下一个比宙斯法力还大的儿子，将来要推翻宙斯。"宙斯听了非常担心，就让忒提斯嫁给一个叫珀琉斯的小国王。

不久，忒提斯生了一个儿子，她给儿子取名叫阿喀琉斯。他是个凡人，凡人都会慢慢长大、变老和死去。忒提斯不想看着自己的儿子老去死掉而自己却永远年轻。于是她拎着孩子的一只脚跟，把孩子浸到冥河圣水中，河水浸到的地方就会刀枪不入。因此，阿喀琉斯只有这只脚跟是容易受伤的。

成年的阿喀琉斯成了人间的战神。刀枪不入，杀人无数！在一次大战中，阿波罗射中了他的脚后跟，他当场死了。

从此，人们就称致命弱点为阿喀琉斯之踵。

（王林森《阿喀琉斯之踵》）

"阿喀琉斯之踵"的讲述要点在于：在阿喀琉斯和听者之间建立联结。

"每一个人都有致命弱点！比如我，致命弱点就是心理素质差，有一点点心事就会睡不着觉。我是一个失眠症患者。如果不是因为失眠而坏掉了视力、损伤了智力,我不知道能多看多少书呢!作为教师,我还有一个致命弱点,就是字不够漂亮。我几乎每天晚上都在家写字,然而进步不大。但我已经尽力了。"老师说道。

"我的'阿喀琉斯之踵'是记性不好。""我是粗心。""我是粗心加记性不好加字不漂亮。""我觉得,我浑身都是'阿喀琉斯之踵'!"

"呵呵!"讲述在笑声中结束。

"我的致命弱点是什么呢?这可不能告诉你!"2013年10月31日,程嘉玲的日记如此这般断然结尾。

四

阿喀琉斯之死

希腊盟军——远征→特洛伊城

帕特洛克洛斯←(杀)王子赫克托耳

(密友)|　　　↗(虐尸)

阿喀琉斯

↖(射踵)

阿波罗

这是《阿喀琉斯之死》的板书。因为字多,需要预先写在黑板上。黑板确实是自制的:九合板的质地,十来斤的分量。来回在教室和办公室之间的搬动既要小心又吃力。

"希腊盟军,希腊盟军,希腊盟军!远征,远征,远征!"11月6日的讲述照例从诵读开始。诵读之后老师问:"板书其实就是故事提纲,谁能猜出故事的大概内容?"

袁仲昕、刘雨彤讲述故事梗概。

然后老师开始讲述。细节有三:父母、妻子对赫克托耳的劝阻,老国王的哀求,阿波罗的愤怒。李伟航、李想、王林森、尤毅晗、王瑞熙做了讲述记录。不同的记录使得同一故事呈现出不同的版本。

分享两篇孩子的讲述记录：

> 特洛伊人都听到了阿喀琉斯的叫声。大家都劝王子赫克托耳不要单独出城，可是赫克托耳说："即便是死，我也要出去！"于是他就被阿喀琉斯杀死了，阿喀琉斯还虐待了赫克托耳的尸体。这就引起了阿波罗的不满，当阿喀琉斯冲撞特洛伊城门的时候，阿波罗一再劝说阿喀琉斯停止，可阿喀琉斯就是不听。阿波罗终于被激怒了，张弓搭箭，射中了阿喀琉斯的脚后跟。阿喀琉斯像一座大山一样倒下了。因为这是他的致命弱点。
>
> （王瑞熙）

今天格外赞扬了李伟航，因为他在开头、结尾写到了自己的感受。

> "阿喀琉斯之死"，老师在她自制的黑板上点着题目让我们朗读。全班一时都兴奋起来！因为我们知道，就要听到新的故事了。同时，我的心里感觉到有一点恐怖，因为这里有一个"死"字。我们知道，今天要讲的是阿喀琉斯是怎么死的。虽然有些害怕，但我还是专心致志地听。
>
> 我不同意阿波罗的做法，人类打仗，神不应该参与进来。可是我又能理解阿波罗的愤怒。我能理解阿喀琉斯失去帕特洛克洛斯的悲伤，我更佩服特洛伊大王子赫克托耳，因为他是那么的英勇，明知一死，也要独自迎战阿喀琉斯。
>
> （李伟航）

五

11月8日下午，期中考试结束之后，观看俞权母亲为孩子拍摄的讲述录像。俞权是个性格内向的孩子，上课从不发言，朗读几乎听不见声，父母为此忧心如焚。可是这孩子在家却很活泼，要不是观看录像，老师无论如何不能相信他是个活泼的孩子。

讲述从头至尾，俞权手捧语文书，偶尔看一眼。这就说明：若无笔记，断不会有这样的讲述。

"不仅如此，阿喀琉斯还做了一件非常……非常不好的事情……"俞权神情变得严峻。"什么事？"父亲问。"就是虐尸。他用绳子把赫克托耳的脚绑在马车后面，拖着赫克托耳的尸体，围着特洛伊城池转圈。城上的特洛伊人民看到了，都无比悲伤。这是很过分的做法。不能虐尸！对死者我们应该敬重！"说到这里，孩子停顿片刻。一瞬间，视频中的父母、电脑前的看云和老君同时感到了震撼。

"城门眼看就要被撞开了。这会死无数的人！就在这时，空中传来一个声音：'阿喀琉斯，你适可而止吧！'"

看到这里，看云忍不住大喊："天呐，这几乎全是我的原话！故事，连同故事内涵，这个沉默的孩子滴水不漏地全部吸收了！"

为什么要但问耕耘，莫问收获？

因为只要耕耘，必有收获。只是你不知道而已。

顺便说一句：到昨天为止，用一个月时间读完了伊迪丝·汉密尔顿的古典文学普及系列——《希腊精神》《希腊的回声》《罗马精神》《上帝的代言人》。阅读步骤：通读，分章节（有选择地）朗读，听朗读。

2013 年 11 月 11 日

希腊神话故事讲述记（二）

一

11月12日，定下"帕特洛克洛斯的勇气"这个话题时，看云疑惑：是否情节太少、太简单，不能满足孩子？

然而事实再次证明：对于一个班的孩子，讲过一次的东西基本等于没讲；即便讲两次，多数人事后也只有一个大概印象。所以看云得到的结论就是：关于希腊神话故事的讲述，越往后情节越要简单。这样的内容对于孩子来说陌生而新奇，庞杂又遥远。每次讲述都要牵动前面的情节和人物，都要重复：盟军是希腊盟军，对方是特洛伊；阿喀琉斯、帕特洛克洛斯是希腊一方的英雄；赫克托耳是特洛伊方的统帅；阿波罗站在特洛伊这方……

"为什么这么说呢？"

"因为上次就是他射死阿喀琉斯的。"

"其实是下次。这次阿波罗躲在雾中，一掌击落帕特洛克洛斯的盔甲，特洛伊人才敢上前，杀死了帕特洛克洛斯。接着才有阿喀琉斯的复仇。"

"杀死了赫克托耳……"

这是11月13日第一遍讲述开始的情形。一方面庆幸没有一次讲太多，另一方面疑心这个班的孩子是不是笨了点。旋即就释然了，因为老师想到了自己。以前上学时，因为《连环画报》，看云第一次接触《伊利亚特》并迷上希腊神话，之后不知经由多少反复、多长时间，看云才对希腊神话有了一个大概了解。如果孩子笨，那么老师更笨！

感谢孩子,因为他们,看云得以温习希腊神话。就这么慢慢讲,慢慢嚼。让惨烈的十年大战成为浪漫的课堂故事。

"急什么?慢才叫浪漫,慢才是真实的生长。长得慢的,都是高贵木材!"讲座中,看云常常如此调侃。怎么到了自己这里就急躁起来了呢?

帕特洛克洛斯的勇气

阿波罗

盟军统帅阿伽门农　　　　　↙(4 掌击)

　　　↓(1 激怒)　帕特洛克洛斯

阿喀琉斯　↗(3 借盔甲)　↖赫克托耳 (5 杀死)

　(2 拒战)

"这是板书,看看谁能讲出梗概。这也是一种勇气!不亚于帕特洛克洛斯的勇气。"11月13日下午,举手的是李伟航。

"这就是李伟航的勇气!"老师盛赞,然后讲述。

二

李晨曦记录的是次日上午第二遍的讲述情形。

"盟军统帅阿伽门农,是一个自私贪婪的人。每次都把阿喀琉斯和其他战将的战利品抢走。终于,阿喀琉斯被激怒了,就退出了战斗。"

接着,我们就跟着薛老师一起讲了起来:"特洛伊人知道了阿喀琉斯退战,一下变得无比神勇!哗——他们像潮水一样杀过来,一直杀到海边,就是希腊船队停泊的地方。哈哈哈……"我们突然开怀大笑起来。这真是太有趣了!

"安静,不要闹,不要闹了。"老师说,"结果当然是希腊盟军被杀得落花流水。帕特洛克洛斯看见这种情形很伤心，就恳求阿喀琉斯参战。阿喀琉斯不答应，就把自己坚硬的盔甲借给了帕特洛克洛斯，让他去参战。这一回呀——"

"希腊盟军顿时变得神勇无比！哗——他们像潮水一样杀回去，一直杀到了特洛伊城下！"我们又一次地跟着老师一起说。

结果怎么样呢？结果就是阿波罗在雾中给了帕特洛克洛斯一掌，这一掌把坚硬的盔甲给打落了。两边的人都知道那不是真正的阿喀琉斯，赫克托耳一枪就把帕特洛克洛斯给杀死了。

"丁零零……"下课铃声响起了。

"同学们再见！"

"老师再见！"

我们在欢声笑语中结束了这一堂课。

（李晨曦《帕特洛克洛斯的勇气》）

王瑞熙记录的则是下午发生的事。

星期四下午，薛老师在上语文课的时候，让大家朗读《奇妙的国际互联网》的第三自然段。老师还说："第一组读到第一个句号，第二组读到第一个分号，第三组读到第二个分号，第四组读到省略号。"

于是第一组开始朗读了。他们读到了第一个句号，可能是因为当时教室里有些吵，薛老师没有听清楚，以为第一组读错了，就罚这一组重读一遍。第一组的同学感到非常委屈，就把声音读得很小，又被老师批评了一次。

最后，就在我们抄写生字的时候，黄昕茹突然站起来对薛老师说："我们确实是读到了第一个句号。"然后薛老师问我们他们是不是读到了第一个句号，我们大家都说是。于是薛老师向第一组的同学道歉。薛老师这种知错能改的品质，值得我们学习。

今天真开心！

（王瑞熙《黄昕茹的勇气》）

三

本周讲述《阿喀琉斯的愤怒》。

终于讲到《阿喀琉斯的愤怒》了。

"歌唱吧，女神，歌唱珀琉斯之子阿喀琉斯的愤怒，这愤怒给阿开亚人带来了无限的苦难。很多勇敢的灵魂就这样被打入哈迪斯的冥土，许多英雄的尸骨沦入野狗和兀鹰之口。自从人中之王，阿特柔斯之子与伟大的阿喀琉斯自相争斗的那一日起，宙斯的意志开始得到贯彻。"

伟大的《伊利亚特》以歌唱"阿喀琉斯的愤怒"作为开篇，将之视为更残酷的命运起始的标志——其中蕴含了怎样的启示和叹息！

"他一定是近乎惊恐地发现，自己不知道从什么时候起，也开始像那些步入中年与老年的将领一样斤斤计较起自己的战功、战利品的数量，计较从每一次劫掠中得到的收益，并且拿来和其他人相比——十年时间！是从什么时候开始变得如此猥琐，难道真的是……老了么？

"所以当阿伽门农再一次仗着权势欺凌他的时候，愤怒就一发而不可收了。这愤怒不仅针对傲慢贪婪的迈锡尼之王和他所代表的权势，也针对那英雄死去、权势横行的冷酷时代，以及那逝去的十年青春及英雄业绩的幻灭……

"这是属于年轻的愤怒，这是青春的愤怒，这是我们每一个人都有可能经历的愤怒。如果说海伦的美丽值得一场历时十年的战争，这样的愤怒，也完全值得以一部最伟大的史诗作为颂赞！"

备课时读到的网友的论述，令人印象深刻。四年级的孩子，情感热烈，渴求正义，理性开始萌芽，应该尤其能够同情和理解阿喀琉斯的愤怒。而我，则实在希望自己平和起来。愤怒实在害人又害己。而发泄在孩子身上的愤怒，本身就是罪。

下面是板书，其实也是加载到故事里的思维训练，借以给孩子的逻辑能力提供温暖适宜的涵养。希望将来有心的孩子看到笔记能够记起故事以及童年的故事课堂。

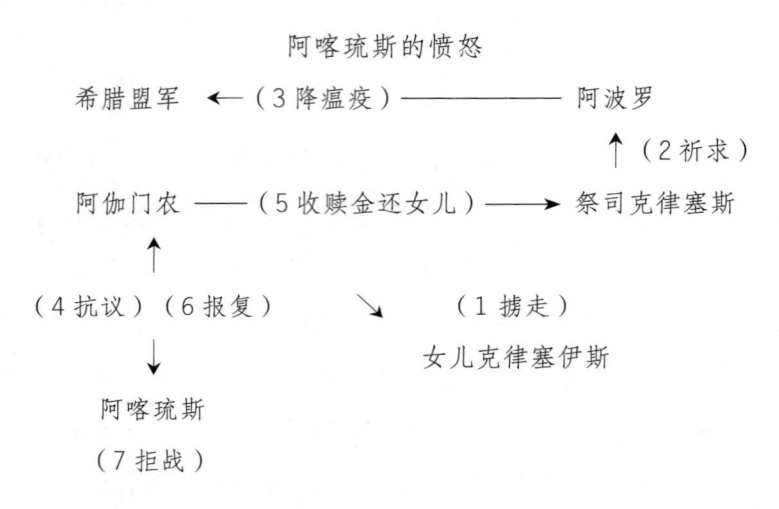

阿喀琉斯的愤怒

希腊盟军 ←（3 降瘟疫）——————— 阿波罗

　　　　　　　　　　　　　　　↑（2 祈求）

阿伽门农 ——（5 收赎金还女儿）——→ 祭司克律塞斯

↑

（4 抗议）（6 报复）　　↘　（1 掳走）

　　　　　　　　　　　　　女儿克律塞伊斯

↓

阿喀琉斯

（7 拒战）

2013 年 11 月 18 日

希腊神话故事讲述记（三）

一

木马计

躲藏 ↗　　　↘ 进城

俄底修斯—（西农）→特洛伊

"烈火熊熊，尸横遍野。杀声震天，哭声动地！所有的房屋被烧，所有的男人被杀，所有的孩子被从城墙上扔下来摔死，所有的女人被掳去当奴隶……特洛伊陷落的景象惨不忍睹，连希腊的保护神雅典娜看了也忍不住在天上落下了眼泪。木马计成功了，十年大战结束了，亚洲最伟大的城市特洛伊从此消失，王后赫卡柏产前的预兆变成现实。希腊盟军用无数年轻生命换来十年大战的胜利，等待他们的是漫长艰难的归途，等待统帅阿伽门农的，是家败人亡的惨祸。这是公平的，因为给别人带来了毁灭的灾难的人，自然不能有好结局。"

教室里的气氛凝重。这是第二遍的讲述。

"真好！没有掌声。这是对的，这说明大家懂了。我们怎么能为这样的结局鼓掌？战争是可怕的。所以我们要珍惜和平，珍爱生命。"

法厄同、阿喀琉斯之踵、阿喀琉斯之死、帕特洛克洛斯的勇气、阿喀琉斯的愤怒、海伦被拐、帕里斯的判决、纠纷女神的礼物、木马计，一共九个故事，到今天为止，历时九周的希腊神话故事讲述告一段落。

这样的讲述很慢，然而孩子们的吸收真实、充分、全面。

果然，俄底修斯的木马计成功地骗过了特洛伊人。不一会儿，城门打开，男男女女老老少少都出来了，高兴地看着希腊人的帐篷被烧毁。人们发现一个带有四个轮子的巨大木马，高大得令人不敢想象。就在这时，一个特洛伊战士把俄底修斯的士兵西农带来了……

他们杀死了所有的男人，把孩子从城墙上扔下去，把女人当奴隶。当希腊人把孩子从城墙上扔下去的时候，雅典娜哭了。

（胡景博《木马计》）

特地引用胡景博日记的原因：四年级以前，胡景博的习作一直处于勉强应付的状态，老师不知道他是不愿写还是写不好。然而这个学期，因为希腊神话故事，胡景博找到了写作的感觉。

二

阿喀琉斯之踵—阿喀琉斯之死—帕特洛克洛斯的勇气—阿喀琉斯的愤怒—海伦被拐—帕里斯的判决—纠纷女神的礼物—木马计。《伊利亚特》的讲述次序全然是自然形成的。大致是倒叙，每次讲述之前都要简单回顾前面所讲，顺势问一个"为什么"。

"为什么希腊盟军要远征特洛伊呢？"

然后出示板书并讲述。

海伦被拐

斯巴达国王墨涅拉俄斯　　　　　阿佛洛狄忒
　　↓诱惑↙　　　　　　　　　↓诱惑
王后海伦 ——（拐至特洛伊）——→ 帕里斯

分享孩子的日记：

于是小王子帕里斯就进了王宫，这时阿佛洛狄忒变成了仆人，走到海伦那告诉她来了一位王子，海伦赶紧跑出来，看见了一位美男子，她简直惊呆了，而帕里斯也惊呆了！小王子帕里斯就对部下说，我们就在这里打一仗吧。斯巴达国王这时正好外出，于是他们掳走了斯巴达的金银财宝，同时也掳走了海伦。海伦表面上很伤心，其实她很开心。帕里斯完全忘记了父亲交给他的任务。

就因为这样，希腊和特洛伊才打了十年的大仗！

（康玟君《海伦被拐》）

三

下周三，简单回顾《海伦被拐》毕。

"一个问题是——"老师问，"阿佛洛狄忒为什么要引诱帕里斯和海伦呢？"

于是出示板书并讲述。

<u>帕里斯的判决</u>

（伟大的国王）↗　　　　　↖（最美的女子）

天后赫拉 ↗　　　　　↖ 金苹果

（不朽的荣誉）　　　　　阿佛洛狄忒

智慧女神雅典娜

李伟航在日记中写道："我不喜欢帕里斯。因为他贪财、好色、没有责任感。经不住诱惑，拐走别人的妻子，忘记自己的使命，给自己的国家带来毁灭性的灾难。"

四

以下是三篇关于《纠纷女神的礼物》的同题日记。三个作者都是女生。一人一个记忆，一人一个语气！对比读来，很有意思。

今天，薛老师讲了一个故事，叫《纠纷女神的礼物》。她把小黑板拿出来，上面画着故事的情节，如下：

纠纷女神的礼物
↓（金苹果）
"给最美的人"
↓
忒提斯——（婚宴）——珀琉斯

老师开始讲："珀琉斯和忒提斯结婚的时候，所有的神都请到了，唯独没有请纠纷女神，因为怕请纠纷女神来会有纠纷发生，所以不请她。"

"她非常难过。"同学们貌似已经知道了故事的内容。

"纠纷女神最后悄悄来了。她不能让别人看到她，因为别人看到她会笑她不请自到，然后她留下金苹果走了。这就引起了天后赫拉、阿佛洛狄忒和智慧女神雅典娜的纠纷。虽然请她来，也会引起纠纷，但可能只是哪两个神吵一架，或者打一架！然而不请她来结果是什么，我们想想就已经知道！"

老师问："如果你是珀琉斯和忒提斯，你请不请纠纷女神？""当然请！""为什么？""因为不请她，会引起大纠纷！"

如果我是珀琉斯和忒提斯，我会请。因为，她天生就是纠纷女神，不可以对她产生排斥，应该对她像正常朋友一样。不应该一看到她就躲，即使有纠纷，也没什么大不了的。

这让我明白：不要因为别人有缺点就排斥她。即便对不好的人，也要怀有善意，这样就算有纠纷也只是小纠纷。

（郭恒祎《纠纷女神的礼物》）

我们知道，特洛伊与希腊盟军十年大战中的主要人物是阿喀琉斯，然而鲜为人知的是，这场战争的爆发也与他有关系。

宙斯把自己的女儿海洋女神忒提斯嫁给了希腊一个小国的

国王珀琉斯，当他们办婚宴的时候，所有的神都请了，唯独没有请纠纷女神。唉！

纠纷女神何许人也？就是战神阿瑞斯和嫉妒女神的孩子，专门制造纠纷的。她到哪儿，哪儿就有纠纷。

咱们就接着说。纠纷女神知道了，都气死了，气疯了！她在婚宴进行的时候，悄悄地降临了，丢下一个金苹果就悄无声息地走了。

天后赫拉、智慧女神雅典娜和爱与美神阿佛洛狄忒发现了这个金苹果，看见上面有一行字——"给最美的人"，便争夺起来。争执不下，便来到宙斯那里，请宙斯判决。宙斯很为难，因为他既不想得罪自己的妻子，也不想伤害自己的两个女儿，就对她们说："这件事我不想管，这样吧，人间有一个牧羊人叫作帕里斯，你们找他去评判吧。"

如此这般，天后赫拉、智慧女神雅典娜和爱与美神阿佛洛狄忒便去特洛伊原野找帕里斯了，于是便发生了接下来的事情……

（刘雨彤《纠纷女神的礼物》）

"用笔记下来，看看谁能说出故事大意。"

顿时教室里一片寂静。"从前有一个女神，是纠纷女神。纠纷女神是谁，有人知道吗？"

"我！我！"全场闹哄哄的，大家把自己的小手举得很高很高。"那大家一起说吧。""吵架。""对，是吵架的意思。她呢，可以让两个好朋友打起来，所以在婚礼上，就没有请纠纷女神，可是她隐身来到了，还留下一个金苹果，上面有一行字。接下来谁接着讲？"

先是一片寂静，不一会儿，刘雨彤举手了。"上面的字是'给最美的人'。然后这个金苹果就被三个女神看见啦,她们请帕里斯判决……"

"不,是宙斯!"我们都说,"先是请宙斯判决,可是他让帕里斯来判决……"

就这样,我们和老师一起把故事讲完了。

(李晨曦《纠纷女神的礼物》)

同样的课堂,到了男孩子笔下,往往发生"变形"。也许这种性别差异,会随着年级升高而越来越大。

2013 年 12 月 19 日

《科瓦奇讲植物》讲述记（一）

一

在冬天，当有一段特别长的寒冷日子时，不是只有人类在受苦；植物和动物世界也同样受到影响。鸟儿会比平常晚去筑巢，而在花园、原野、山丘和小溪旁的花儿和树木，也都在等候着太阳的温暖光芒。想象有无数颗种子在大地之下，正等待着太阳的光和温暖。

想象这些成千上万的种子深埋在大地中，在寒冷季节，当下雪、结冰和冷风吹拂的时候，种子仍安全地埋在土中。现在再想象一下，每一颗种子都是一点点的亮光，假如我们能够透视大地，看起来就会像是万点的繁星。在冬天里，大地看起来就会像是星空。

这是《科瓦奇讲植物》的开篇。竟有这样的植物课！

仿佛冬日里的围炉夜话，轻言曼语间——人类、植物和动物，大地、种子和星星，都融而为一了。不只是感情，身体的感觉也被唤醒——是这种难以言表的温柔的身体感觉，让我们隐约知道什么叫作万物一体。

"在冬天，当有一段特别长的寒冷日子时，不是只有人类在受苦；植物和动物世界也同样受到影响。"12月25日下午，旧年里的最后一次讲述课，看云手捧新书，充满感情地给孩子朗读。然而他们的反应却相当茫然，一个个木然地看着老师。为什么？就因为我是在朗读！

《科瓦奇讲植物》是一位小学教师的植物课讲义，斯坦纳最不愿看到的就是老师拿着教科书出现在孩子面前，让书削弱了教师的权威，成为与学生交流的阻隔。斯坦纳要求教师把知识吃进去，演绎出人性化、艺术化、个体化的课堂。在斯坦纳看来，这种"道成肉身"的课堂无论如何粗糙、幼稚，也比照本宣科好。因为教师努力将自己的情感和生命体验融入知识，而孩子将吸收这种努力。在这样的课堂上，孩子获得的当然不只是知识，还有教育的本质——人与人之间真挚而紧密的关系。

于是丢开书，从"植物世界里的婴儿"开始：一会儿蘑菇，一会儿海藻；一会儿大地，一会儿太阳；一会儿妈妈，一会儿爸爸……真的是相当凌乱！然而孩子们立刻来了精神，一个个听得两眼放光！最后一排的吴轻飞忘情地站了起来，唯恐听漏一字一句。

一切知识都要和人联系起来。

"教师要理直气壮地成为知识唯一的来源。"要多么大的勇气和智慧，才能说出这样的真理。为了接近这个目标，需要老师付出多么真挚和艰辛的努力。然而这种努力是绝对值得的！

二

分享孩子的日记：

今天是圣诞节，薛老师像一位圣诞老人一样从门外走了进来，不过，她从门外走进来后，并没有带着小黑板给我们讲古希腊神话故事，而是从她心爱的绿色手提袋里拿出一本绿色的书，名字叫作《科瓦奇讲植物》。

这一本书讲的全是植物的故事。比如，植物们的爸爸是光芒万丈的太阳，母亲则是温暖而又温柔的大地，然而有些植物更喜欢爸爸，它就是向日葵；有些植物虽然长得长，却要靠着水扶着才能站得住，它就是海带；有些植物矮小得出奇却能站得住，它就是青苔；有些植物只喜欢妈妈而不喜欢爸爸，它就是蘑菇；有些植物是无处不在的，比如蒲公英，它和向日葵可不是一模一样的，只要风一吹，它就会随风而去，而向日葵始终朝着太阳的方向。这本书还告诉我们蒲公英在冬天的时候趴在地上不是完全因为"枯萎"了，它还有一个我从来不知道的重要原因：原来它这样是为了汲取大地母亲怀抱里的温暖。

噢！薛老师这本书中的故事真好听！有时间我也要妈妈给我买一本这样的书看看！

（康玟君《薛老师讲植物故事》）

三

1月1日元旦放假，2日是星期四，当老师宣布要讲植物故事时，孩子们欢呼起来！王曼林则高高举起手中的《科瓦奇讲植物》。

为什么孩子这么喜欢听《科瓦奇讲植物》？因为它把植物世界和儿童生长过程融为一体了。为什么看云这么喜欢《科瓦奇讲植物》？也是因为它深深撩动了一颗母亲的心。

分享孩子的日记：

自从老师讲完"木马计"这个故事后，就不讲希腊神话故事了，改讲《科瓦奇讲植物》了。

"植物界的母亲是大地，父亲是太阳，小婴儿喜欢妈妈，不喜欢爸爸，所以植物界里的小婴儿是不喜欢阳光的。大家猜猜这位小婴儿是谁？"下面鸦雀无声。突然，王曼林说："是蘑菇！""对了，小婴儿是蘑菇。蘑菇没有根，没有叶，没有茎，没有花，没有果；比它高一级的植物是一岁的小娃娃，它就是藻类，它只能够在水上浮着，所以它还是站都站不稳的小娃娃；松树是上幼儿园的小朋友，不要看它长得那样高大，就认为它是高级的植物，它没有花，没有叶，也没有果。""不对，松树有果子。""那不算果，开过花，结的果实才叫果。大家别看蒲公英小，它可是小学生哟！它有根，有茎，有叶，有花，还有果，它的果实就是'降落伞'里的种子。"

"老师，那无花果算几年级的植物？"郭与然问道。"无花果应该算跳级的！因为它其实有花，只是我们没有注意，没有想到而已。"

"哦！那它也是小学生吗？""是的，而且是高年级。"

我原来不喜欢植物，对植物没什么兴趣，自从老师讲了《科瓦奇讲植物》这本书后，好像对植物也有点感兴趣了。你看！我也发现了一种植物，它也是植物界里的小婴儿，就是地皮菜哦！它只长在妈妈的身上，爸爸一出现，它便消失了。

（郭恒祎《科瓦奇的植物故事》）

四

一天中午，上班路上，一位不认识的学生家长问："薛老师，你最近在看什么书？"

"你问的是我看的书，还是我们孩子看的书？"

"就是你看的。"

这个问题太高端！看云一时不知如何回答。那一天看云手里拿的是杨伯俊先生的《论语译注》；办公桌上摊开的是钱穆先生的《论语新解》；眼睛累时，就关了门，躺在躺椅上听老君朗读钱穆先生的《孔子传》。

见我发愣，那位母亲提示道："我家小孩听老师说，有一本《科瓦奇讲植物》很好。"

"哦！"看云恍然，"是五（1）班李君华老师班上的学生吧？是的是的，《科瓦奇讲植物》不要太好！寒假前我会建议我的学生家长和孩子一起读。这本书读透了，观察和描写植物就不会太费劲，就有灵感！植物能写好，叙事、记人就是一览众山小！这本书更大的好处就是：能够软化孩子的心，让孩子对植物、生命还有自己的成长萌生新的好奇和感恩的心。这本书，我熟到几乎能背！"

"谢谢老师！"那位家长受鼓舞而去，看云同时听见她心里说："这就上网下单去！"

和上届不同，因为斯坦纳，看云高度重视孩子和植物的联系。每次日记点评，都有关于"植物的故事"的日记受到表扬。

  这几天，香樟树的果实像下雨一样掉个不停。满地都是黑紫色的"炸弹"，一踩，果实里面的种子就喷了出来。

  你如果捡到一颗香樟树的果实，可千万不要扔掉，仔细地看一看，倒过来的果实，看起来像一个盛满冰激凌的蛋筒；正过来看果实，好像一个好吃的小孩的嘴巴，正在吃一个很大的圆子。你把果实剥开，把柄竖起来看，像一个酒杯；把柄朝上看又像一个铃铛。还有一种柄是弯的，这样的一颗果实，看起来就像是莲蓬头。

  香樟树果实没有成熟的时候汁液是绿色的。妈妈说，这种汁液弄到衣服上是很难洗掉的。

  我还发现，如果你把果实剥开，在果肉的中心有一个黄色的小圆点，又坚硬又饱满。

  这真是太奇妙了！

（李雯琪《香樟树的果实》）

杨羽西的《蒜子成长记》，韦依池的《水仙》，李伟航的《仙人球，懒人球》……日记显示，越来越多的孩子和植物之间建立起真实、紧密的联系。在这一过程中，看云觉得自己也因为植物的"无言之教"而变得沉静、温和。

《科瓦奇讲植物》恰在这个时候来到我们班级，真的不是偶然！手绘植物图片，带来的仿佛是婴儿小手触碰时的感动，是语言无法表述的。看云计划放假前讲三次，然后建议家长和孩子一起读。

2014年1月6日

《科瓦奇讲植物》讲述记（二）

一

绿叶和花朵需要阳光才能生长，但蘑菇这种菌类没有叶子也没有花，所以蘑菇是植物世界的婴儿。

（《第3课：大地之母的婴儿——菌类》）

你已经知道蘑菇或菌类是植物世界的婴儿。相对于其他迎向阳光的植物，菌类从来没有进一步跨越过婴儿阶段。

（《第4课：直立在水中的植物——藻类》）

菌类像是婴儿，藻类像是学习走路的幼儿，地衣像是开始走第一步的孩子。

（《第6课：绿色的软垫——苔藓》）

如果去掉反复的部分，《科瓦奇讲植物》这本书的厚度大约要薄掉三分之一。《十二感官》也一样。然而，每当读到重复的地方，看云、老君、小安都会满怀感激："这个老师真的很照顾我们啊！知道我们笨，所以有意带着我们反复。要是他自顾策马扬鞭，我们会读到后面忘记前面，甚至中途搁下。这是真正的老师！这是真正的课堂！"

真实的课堂记录都有一个特点，就是令读者睹字如闻其声。关于这一点，《论语》堪称开山之经典。所以，阅读《科瓦奇讲植物》最适宜的方法还是发声朗读。如果你没有看云这样的耳福，也可以自己朗读。这种不以文学效果为目标，却以文学效果服务教育的真挚、亲切的课堂语言，会让你在不知不觉中感受到教师的意识之光，记起无论科技如何发达也不能忘怀的"人与人之间的深深的羁绊",记起教育的本质为何,记起在这技术冲决人情的物质时代,教育首要的责任就是借助自然声、自然色、自然方式、自然情感,维持人与人之间的关系。

五音令人耳聋,五色令人目盲。能够结识一位真教师、一系列真课堂,实在是我辈的福分。

就说反复吧,当我作为学生体验到"有意识反复"带来的照顾的时候,"反复"以及"连续"的真实性对于我,就不是理性层面的被告知,而是情感和意志层面的被渗透。根在地底无声地吸收水分,叶在枝头愉悦地摩挲空气,花以笑容向阳光顶礼膜拜——我的课堂和讲座,自然不同了。

"停下来,让我们总结一下。""还记得身体层面的四种感觉吗?""让我们再次复习古体诗的吟诵规则。"

从《十二感官》开始,看云讲座有了重复。那些时候,我能感受到老师们的满足和舒服。我相信,在那样的讲座中,老师们收获到的不仅是知识。

效率是不能不考虑的。反复势必减少单位时间内的授课内容。这就看教学目的为何了。在单位时间内传授尽量多的知识,往学生头脑里"装进"尽量多的"豆粒",这是通常的教学目的。还有另一个教学目的:那就是把孩子看作是有意志、情感和大脑的"完整的人",把教学看作是播种;教师对课堂的期待,不是孩子一次性听进并且牢牢记住——斯坦纳以为那种做法几乎毫无用处,而应该是种子发芽,将来结出很多果实。

这是对于效率的长远和生命意义的考虑。这就需要教师付出时间、精力、情感和勇气,将容器经营为土壤,将知识活化为种子。比起照本宣科,这种课堂不仅辛苦而且会充满迷茫、焦虑和疼痛,然而这一切都是值得的!生命感的最高层次是痛感,人和人最紧密的联系是感同身受的痛,包含在生长痛里的孤独、坚韧和努力。孩子是能感受和吸收的。

光是从缝隙中照进来的。

二

反复再反复。一路反复着慢慢讲。以下是1月8日星期三的讲述内容。

"先回答上一节课的问题。无花果是有花的。我们吃的无花果,不是果实,而是它的花托膨大形成的肉球,无花果的花和果实藏在那个肉球里面。都吃过无花果吧?回忆一下,在甜蜜的花托肉球的中心,是不是有极小的籽儿?那才是无花果的果实。"

"哦!"

"晴了一个多月,终于下雨了!操场上的枯草,黄得像金子,软得像绒垫。走在上面,一点声音都没有。好安静,好干净,好舒服!就算隔着皮棉鞋,我也能感受到大地母亲的温存和爱抚!"

"就是!就是!"

"树木的植物部分是叶子、花朵和果实。树木的木质部分其实相当于什么?"

"土壤。"

老师再次拿出香樟树图片,指着伸出树皮的枝茬说:"树木不仅是在死掉、烂掉之后才成为泥土的,活着的时候,木质就是泥土。"

"菌类、地衣还有苔藓都知道!"

"叶、花和果实才是树木的植物部分,树木是大地向上推起的力量的显现。哪里有树,哪里就有坚硬的树干从土壤中升起,这是大地的力量。那些挺拔的树干,就是大地母亲挺拔的风姿!我们要让大地母亲永远年轻漂亮的办法就是让大地上到处是树林,到处是青草。回到操场,如果说树木是大地母亲的腰肢,那么这些草就是母亲细软的头发、温柔的手指,能够享受到母亲的爱抚,我觉得很幸福。然而人们用楼房、水泥、岩石、塑胶所覆盖到的一切地方,也不管是否必要,只是为了自己的方便。结果呢？大地母亲不能呼吸的地方，人自然不能安全、舒畅地呼吸。"

"报复。大自然报复。"

"是报应。不是报复。母亲永远不会报复孩子，无论那孩子是多么忤逆不孝。母亲其实比我们痛苦，当一个人受到折磨和虐待，我们怎么能把她的呻吟和挣扎说成是报复！下雨的时候，注意到水泥地面和泥土地面的不同了吗？"

"水泥地上积水多，泥土地上没有积水。"

"水泥阻隔了雨水对大地的滋养。即便是裸露的泥土，即便是枯草地上，我们能说雨水白白降临吗？"

"地下有种子，有草根。"

老师引导孩子回忆。讲述花托、花瓣、雌蕊、雄蕊、柱头、子房……"花朵是叶子的变形，果实就包含在花朵里。同一株植物，雄花给雌花授粉完全没用！必须是同一种植物的另外一株上的花粉。"

"蜜蜂。"

"这就需要风、蝴蝶、蜜蜂或其他昆虫的帮忙。花朵给蜜蜂的报酬是一小滴花蜜，为了酬谢这一滴花蜜，蜜蜂回报什么？是蜜蜂一天只采一种花蜜。比如一只蜜蜂，早晨采到的第一滴蜜来自玫瑰，那么在这一整天里，即便找不到第二朵玫瑰，即便路上开满百合、栀子、康乃馨……蜜蜂也不会去采一朵别的花。否则……"

"玫瑰就绝种了。"

"这就是蜜蜂对于植物的诚信！世界上有这么多的恶，可是世界为什么依然存在并且春天百花齐放？就是因为有这样一股爱的力量在维持着世界，那些作恶的人，也是靠着这种爱才免于灭亡，只是他们不知道而已！每当想到这一点，老师都会感到震撼！蜜蜂真的是一种高贵的动物。土壤是植物的母亲，作为食物链基础的植物，是人类和动物的母亲，可是，在忠于母亲这方面，人类却不能和蜜蜂相比。"

"啊，蜜蜂！啊，植物！啊，大地母亲！"

三

"植物的一生都在学习，植物的根向土壤学习，从土壤中吸取水和养分。"

"叶子向空气学习。吸入二氧化碳，制造氧气。"

"花朵呢？花朵是向谁学会开放的？"

"空气。花朵是叶子的变形。"

"花朵向太阳和星星学习。太阳出来了，此时此刻，天上有没有星星？"

"有！和夜里一样多。"

"会开花的植物叫作开花植物，这些植物就像开始上学的孩子，它们的老师就是阳光。除了阳光，还有其他东西在教导着植物，那就是星星。白天太阳闪耀时，我们凭借知识能够想象天上的星星，但对于不是靠眼睛来了解世界的植物而言，星星的光芒就如同阳光一样的真实。植物从太阳那里学习开花，从星星那里学习让花朵像星星般盛开着。你交来了作业，我给你一颗六角星，你高兴吗？"（老师在黑板上画一颗六角星）

"高兴！"

老师边画边问："给你三角形、正方形呢？"

"高兴。"

老师边画边问："八角星、多芒星呢？"

"高兴！"

"气我呢！好，就算你高兴，其实你最想得到的一定是——"

"五角星！"

老师擦去黑板上所有的图案，于黑板中间画上一颗红色五角星，说："也不用人教，你一开始就想得到的，一定是五角星！人一看到五角星就会感到振奋和喜悦。为什么？这是花朵从星星那里学来的最匀称、最漂亮的样式！走廊外悬空花坛里的月季花，花托都是完美的五芒星；月季花花瓣的数目，都是五的倍数。为什么？因为月季花属于玫瑰科，而玫瑰是最完美的开花植物。"铃声响起，"出去看看吧，花儿早就凋落了，可是籽实结了出来，花托完美的五芒星也还在。"

"老师再见！"

高挂的星星可说是天上的花朵，是神的花朵。而地上的花就像是镜子，映照出天上花朵的光芒。

地上的花朵只是微小的倒影，是天堂美妙光芒的微小影子。当你在学校认真学习的时候，一点一滴吸收的小聪明、智慧和知识也是微小的倒影，是一面微小的"镜子"，反映出大自然无限伟大的智慧。

（《第10课：向阳光学习的孩子——开花植物》）

《科瓦奇讲植物》的缺点是推荐文太多。序言之后，屋下架屋地堆叠那么推荐文，是一种阻隔。这是对读者识别力的低估。

子曰：爱之能勿劳乎？忠焉能勿诲乎？

2014 年 1 月 9 日

有感而讲，触动全人

一

3月3日至3月21日，我们用整整三周的时间吸收了电视连续剧《三国演义》中的插曲《卧龙吟》，同时讲述了三国故事。每次讲述都会挂起同一个板书，这个板书连续用了三周：

三顾茅庐

刘备（47岁）
关羽（48岁）——→ 诸葛亮（27岁）
张飞（42岁）

↓

建安十二年（公元207年）隆中对　建安十三年（公元208年）赤壁之战

草堂规划 ↓　　　↙义激孙权　草船借箭　"借东风"战胜曹操

三分天下
↓
秋风五丈原（53岁）

出师未捷身先死，长使英雄泪满襟！

听歌、讲述缘起于《三顾茅庐》。课文版的《三顾茅庐》是一篇空洞的故事梗概。四年级是理性思维开始苏醒的阶段，理性思维苏醒的标志就是时间意识的苏醒。因此三顾茅庐故事发生时刘备、关羽、张飞及诸葛亮的年龄是最具人性的关键点，课文一字未提。奠定三分天下局势的赤壁之战发生在隆中对后的第一年。当孩子反复听到"建安十二年（公元207年）隆中对""建安十三年（公元208年）赤壁之战"，并且和老师一起算出"隆中对"和"赤壁之战"分别距今多少年的时候，一种奇异的感触发生了：历史的遥远、沧桑与历史的真切、可感交融在一起，英雄宏伟传奇的事功和英雄永恒不灭的精神辉映在一起！

3月5日，星期三，惊蛰。从那天开始，每周三集中讲述三国故事：躬耕南阳、草堂规划、火烧夷陵、白帝托孤、六出祁山、挥泪斩马谡……晨读听唱的时候，往往也有讲述。所有的故事都围绕着一个主题——"诸葛亮伟大的人格"。

"义激孙权"讲了好几遍了！以至于到了后来，他们能够和老师一起，一边摇着虚拟的羽扇，一边演说那番义薄云天的对话：

"请问诸葛先生，曹操兵马怎样？"

"兵多将广，人强马壮！八十万大军绝不是吹的。"

"就你们和曹操对决的情况看，曹军战斗力怎样？"

"一日千里，势不可当！我们寡不敌众，被打得落花流水，一败涂地！"

"曹操眼看就要挥师过江，照您的意思，我们东吴该降还是该战？"

"当然该降！东吴兵力不过五万，以卵击石，胜算太小，而投降——至少可以保命。"

话到这里，谁都会忍不住问一句："既然如此，刘玄德为什么不投降？"

"诸葛亮"正色而立，凛然击案，"你问刘皇叔为什么不投降？刘皇叔是什么人？宁可站着死，也不跪着生！打得赢打，打不赢也要打！只问该与不该，不问成与不成！义之所在，命之所趋！就算粉身碎骨，也要为正义而战！人和人怎能一样！刘皇叔怎么可能投降？"

听到这话，但凡是有一点血性、一点英雄气的人都受不了！何况是孙权！孙权拔出宝剑，一剑砍断桌角，"此刻起！谁再敢劝降，这就是他的下场！"

　　注意板书！是"义激孙权"而不是"智激孙权"；"借东风"加了引号，因为借东风其实就是算东风。"仰观与俯察，韬略胸中存。上知天文，下知地理。"诸葛亮的伟大，首先在于他的胸襟、品格和他"为民播下太平春"的志向。这种品格、胸襟和志向，是诸葛亮雄才大略和超人智慧的泉源。一个人的精神境界决定了他的智慧层次。我们不能奢望自己拥有诸葛亮的天赋，但我们应该像诸葛亮一样修德修身，做一个胸襟开阔、品德高尚、志向远大的人。这样，无论是否成名，你也是英雄；涌动在你身体里的，一样是人间英雄气！

二

　　"《卧龙吟》真好听！你们克制住了小心谨慎，发出的歌声真好听！注意，他的声音是收起来的。收起来的声音才感人，才有力量。我们今天需要的，就是这种力量。"

　　"这首歌老师听了不知多少遍，每次都要哭。尤其是女声起来的时候。老师是懂得诸葛亮的，老师对诸葛亮有崇拜也有心疼。"

　　"杜甫是最崇拜诸葛亮的。'出师未捷身先死，长使英雄泪满襟！'请记住：只有英雄才会为英雄落泪。可以从听这首歌是否落泪来判断一个人是否有英雄气！"

　　"束发之年是15岁。15岁也叫'志学之年'，就因为孔子说过'吾十有五而至于学'。诗是《诗经》，书是《尚书》。《诗经》是诗歌，陶冶情操；《尚书》是历史，给人智慧。"

　　"凤是凤，凰是凰。凤是雄性，凰是雌性。所以诸葛亮是'凤兮凤兮思高举'；云从龙，风从虎；龙是主公，虎是战将；风云会的意思就是以隆中对为开始，刘备和他的战将、军师聚齐，可以大展宏图了。"

　　"蛰人就是像冬眠的动物一样蛰伏的隐士。孔明隐居隆中，等待时机；刘备兄弟辗转，急需军师。如果说刘备得到诸葛亮是如鱼得水的话，那么诸葛亮得到刘备是蛰龙听到了春雷，卧龙飞上了天空！"

"'茅庐承三顾，促膝纵横论。半生遇知己，蛰人感心深。明朝携剑随君去，羽扇纶巾赴征尘。'为什么说是半生遇知己？算一算，隆中对那年诸葛亮27岁，秋风五丈原那年诸葛亮53岁。"

　　过去的三周里，类似这样的歌词解释，连着《三国故事》一起进入孩子心中。往往反复讲，比如"秋风五丈原"——看云不知道对多少仿佛是同道的朋友说过，不知道让多少仿佛是同道的朋友泣下沾襟！而今，看云终于能在课堂上和自己的学生一起分享。这真是太大的福德！

三

　　"一定要连着听很多天！这样的歌声让孩子知道什么叫作'把声音收起来'以及收敛、克制也就是修身带来的力量感、超越感！六出祁山，屡败屡战；鞠躬尽瘁，死而后已。静以修身，俭以养德；淡泊明志，宁静致远。舌战群儒的诸葛亮竟是儒家精神的典范！站在他对面的不过是一群小人儒！

　　"15岁束发加冠，开始读诗书，这是符合生命节奏的！可以想见此前诸葛亮的意志和情感在山林和农活中得到充分的发展，时候到了才开始读诗书的。诸葛亮幸而没有生在科举时代，不用承受压抑创造力的背诵之苦，否则中国就没有诸葛亮了！这一点'舌战群儒'就是证明。因为建功立业的雄才大略，读书往往观其大意，吸收精神，而不屑于一字一句刻录复制。"

　　3月15日下午，在广西河池市第三小学《作为教师的孔子》讲座中看云如是说。

四

　　束发读诗书，修德兼修身。仰观与俯察，韬略胸中存。躬耕从未忘忧国，谁知热血在山林。凤兮凤兮思高举，世乱时危久沉吟。

茅庐承三顾，促膝纵横论。半生遇知己，蛰人感心深。明朝携剑随君去，羽扇纶巾赴征尘。龙兮龙兮风云会，长啸一声舒怀襟。归去归去来兮，我夙愿，余年还做垅亩民。清风明月入怀抱，猿鹤听我再抚琴。

　　天道常变易，运数杳难寻。成败在人谋，一诺竭忠悃。丈夫在世当有为，为民播下太平春。归去归去来兮，我夙愿，余年还做垅亩民。清风明月入怀抱，猿鹤听我再抚琴。

上午语文课上，孩子唱了两遍。三周浸润；三周有感而发，触动全人的讲述。他们终于把老师给唱哭了！

　　"开学以来，我们班接连发生了一些事。在王老师生病的日子里，薛老师、你们还有你们的家长都在经受考验。仿佛上天安排的，过去三周陪伴我们的是诸葛亮，滋养我们的是《卧龙吟》。我会永远记得这三周。相信你们也是。"

2014 年 3 月 20 日

达不成的心愿和讲不完的故事

一

"过去的两个星期我们朗读了《彼得·潘》节选,一共四篇,分别是——"

"《你相信有仙子吗?》《永无鸟》《把影子粘起来》《地下的家》。"

和老师一起,他们掰着手指头,按照教学顺序依次报出四个故事的名字,语气颇为自豪。

"我想知道,正在读或者已经读过《彼得·潘》整本书的同学有多少。不要虚报!冒牌货一问就露馅儿了。"

七个孩子举手。只有七个!

叹一口气。以再次承受打击的勇气再问:"一年级的时候,老师就布置你们和父母一起阅读《永远讲不完的故事》,这个寒假,老师又布置你们自己阅读《永远讲不完的故事》,现在我想知道,读过《永远讲不完的故事》的同学有哪些?"

十八个。再数一遍,还是十八个。三分之一都不到。

"家里有《永远讲不完的故事》的呢?"

多了几个。二十几,不到三十。一半不到。

老师的心被刺痛。是孩子和他们的父母联合刺痛了老师,还是老师的奢望和自大刺痛了自己?不知道。

更深地叹气!看云心里一时对自己充满同情,也充满嘲讽。

二

"今天星期三，现在是讲述时间。这个星期我们朗读了《爱书如命的一家子》，为了表达对米切尔·恩德的敬意，我们将用三个星期讲述《永远讲不完的故事》。老师邀请读过的同学和老师一起讲述。至于没有读过的，不要插话！就算听不明白，也不要发问！"

教室里的气氛顿时肃然。读过的兴奋跃然，没有读过的含怯期待。

"永无岛衰败还是兴旺，和我们这个世界上的人是否相信有仙子密切相关。我们知道，仙子是婴儿出生时候的笑声变成的，当世上有一个人说他不相信有仙子的时候——"

"就有一个仙子死掉了。"全班说。

"一样的道理，当我们这个世界的人们不再相信幻想，不再相信童话、神话和诗歌的时候——"

"幻想王国就会生病！那里面的人就会被虚无吞噬。每一个在幻想王国里被虚无吞噬的生命，就变成我们这个世界中的一个谎言！"王曼林清晰连贯地说。

"《永远讲不完的故事》开头就是'幻想王国告急'！然而，因为幻想王国的病根在我们这个世界，所以能够拯救幻想王国的，就只能是我们这个世界的一个孩子。"

"巴斯蒂安！"十八副嗓子一起喊。

"对，巴斯蒂安。他是怎样的一个男孩？"

"爱读书。""爱幻想。""不爱运动。""特别会编故事！"

最后一句是李想说的。李想和他的母亲在响应老师的读书号召方面，从来不居人后。

"每过一段时间，幻想王国就会生病，就需要一个相信幻想的男孩去拯救。巴斯蒂安不是第一个，也不是最后一个。在他之前，已经有一个人去过幻想王国并且安全回来了，他就是——"

"那个书店的老板。"只有刘传星一个人说。

"所以，你们读过的人还得再读！这本书薛老师读过四遍。很多段落几乎能背。"老师说。十八个人纷纷点头。

"于是天真女皇派绿皮肤的小勇士阿特莱尤去寻找幻想王国的救星。然而天真女皇一开始就知道：阿特莱尤永远找不到！因为——"

"救星不在幻想王国，他是我们这个世界的一个男孩。"

"可是当阿特莱尤惭愧地把奥林还给天真女皇的时候，天真女皇却说，已经找到他了！天真女皇已经看见他，而他也看见天真女皇了。为什么？"

"救星就是正在读《永远讲不完的故事》的巴斯蒂安，因为巴斯蒂安正一点一点地被吸引进入幻想王国！"

"是啊，在那间图书室，巴斯蒂安读得忘记了一切。先是他整个的灵魂被故事吸引。之后是——"

"他看到了书上写的一切。他看到了天真女皇，还听见天真女皇对他说的话。"

"你怎么还不来啊！"

这一刻，老师声音里的虚弱、幽怨绝不仅仅来自对天真女皇的同情。

"老师，不是图书室，是学校楼上的储藏室！"一个孩子更正道。老师大大表扬他。

"下面，我用朗读说明虚无是什么。这里没有流血的场面，这里失去身体一部分的人甚至感受不到疼痛——然而，这是老师读过的最恐怖的文字。"

打开读过四遍的并非双语的旧版《永远讲不完的故事》，翻到47页。从"阿特莱尤发现林间有一片草地，一条小河从草地上流过，他刚刚下马，想让阿尔塔克斯休息一下，吃草饮水，突然听见身后树林里响起一阵喊哩喀喳的声音。急忙转过身，看见三个保肯特罗尔人正朝他走来，就在这一刹那间，他感到一阵毛骨悚然"，一直读到49页"这时候，他才完全意识到幻想王国里正在逐渐扩大的事情多么可怕"。

肃静。异样的恐怖感觉笼罩全体学生。有人不安地看看外面，然后迅速把目光转向老师——似乎看到了那个"只要看一眼，好像眼睛马上就要瞎了"似的东西。

"于是，阿特莱尤知道了自己的责任，他骑着小马再次上路。他不知道，自己的历险正在一步步把巴斯蒂安引进幻想王国。下一周我们要讲的内容是：巴斯蒂安喊着天真女皇的新名字，飞入幻想王国。"

"月亮仙子，我来了！"几个声音自豪地说。

三

散散漫漫。这中间我们还讲到了阿尔塔克斯和伏虎、可怕的旧皇帝城、行你所愿的结果、阿特莱尤对巴斯蒂安的忠诚。

严格说来，这不是正经的讲述。如果读过《爱书如命的一家子》，你当知道，看云特意用这个句式向恩德致敬。为了表达清楚，让我重述：严格说来，这不是正经的讲述——是热爱《永远讲不完的故事》的书友之间的亲密交流。

对于今天的交流，老师已经期待四年。然而没有想到：一年级完成任务的家长和四年级完成任务的孩子——这么少，这么少。

也许正因为如此，才更加需要这样的讲述。

此时此刻，看云越发理解雷夫为什么那么"雷"——每天让孩子在教室里朗读四五个小时。实在不敢对放学之后的他们及其父母过于乐观。

然而那样长时间的朗读，也实在伤到孩子了。看云则要找到对于孩子身心均为有益的平衡点。

再叹一声。

振作精神，继续上路，就像那个孤独疲惫的阿特莱尤。

四

关于此前三周讲述内容的补叙：

因为之前诵读到李白的《宣城见杜鹃花》，讲述"杜鹃啼血，子归哀鸣"的典故。

清明前温习"火烧绵山"即寒食节的来历，然后因着晋文公、晋悼公（课文《祁黄羊》里的主公）讲述《春秋》和春秋时代、五霸和悼公复霸、谥号和文王武王。

上周讲述《飞向永无岛》首演的故事：考虑到进入剧院的成人观众绝大多数是不信有仙子的，巴里先生事先在剧院各处安排了一百个孩子。于是，在整个演出过程中，这一百个孩子的笑声和掌声一次次带动全场，从而使得那些严肃的成人情不自禁跟着鼓掌、跟着笑。至少在那一夜，他们相信有仙子。

"一样的事情薛老师也做过。2012年春天，杭州的一次千人论坛上，薛老师要讲吟诵。可是我知道，一千个人里听说过吟诵的不到一百人！薛老师希望全场老师——全场大人都跟着自己唱起来、舞起来，否则老师的讲演就完全失败了。怎么办呢？薛老师想到：这里一定有人听过我的吟诵课，她们可以带动全场！于是薛老师就站在会场入口候着，果然有人招呼：'薛老师好！''看云老师早！'我和她们亲切握手，也不管对方是否听过我的吟诵课，一个个紧紧握手，郑重拜托：'待会儿跟我舞、跟我唱！带动全场全靠你了！'这些接到指令的老师，一个个精神抖擞，立正行礼：'保证完成任务！'就这样，因为这些老师——这些事先安排的'孩子'，讲座一开始，全场一千多人就跟着薛老师一起唱、一起舞：

"胜日寻芳——泗水滨——

"无边——光景一时——新——"

那节课后，他们彼此遇见总是不约而同地立正敬礼："保证完成任务！"

附学生日记：

"你相信有仙子吗，爸爸？"我问道。爸爸觉得这个问题很奇怪，就说："我当然不相信有仙子了！"当时，我能感觉到有一个仙子已慢慢落到了地上，死了。

薛老师说她自己相信有仙子存在，我也相信，四(2)班的同学们也相信有仙子。仙子其实就是一个小孩第一次发出的笑声落在了地上形成的。每当薛老师问全班同学："你们相信有仙子吗？如果相信有仙子，就拍起手来！"同学们的掌声一个比一个响亮！

　　薛老师说很多大人、小孩都不相信有仙子，的确如此！我问了全家人这个问题，他们都不相信有仙子！

　　最后，我想让全家人相信有仙子，就让他们看《彼得·潘》这本书里《你相信有仙子吗？》这篇文章，让他们理解透了！全家人看完之后，尤其是爸爸很有感触。我用洪亮的声音问他们："你们相信有仙子吗？如果有就拍手！"当时，整个房间里回荡着拍手的声音，仙子们又活了！

　　"你相信有仙子吗？"

（奚悦扬《你相信有仙子吗》）

2014 年 4 月 16 日

生命之泉

"《永远讲不完的故事》老师读过四遍，很多地方熟得能背，比如这一段。"

停顿。教室一瞬变得安静，就连刚刚和老师一起七嘴八舌讲述"银城阿玛干特和丑蛾子施拉姆芬"的孩子也缄默，所有人的目光都投向老师。那一刻，老师就是那本书，那个王国，那个忘记名字的男孩。

忘记名字的男孩跪在雪地上，他的画已经粉碎。现在一切都完了，再也没有什么能够引导他走向寻找生命之泉的路了。

当他抬起头看的时候，透过汪汪的泪水，他模模糊糊地看到前面不远处雪地上，站着两个形体，一个大一个小。他擦了擦眼泪，再一次看去。

原来那是伏龙和阿特莱尤。

忘记自己名字的男孩犹豫不决地站起来，向阿特莱尤走了几步。然后他又站住了。阿特莱尤站着没动，只是注意地看着他，很平静。他胸前的伤口已经不再流血。

他俩面对面站了很久，谁也没说一句话。周围那样宁静，静得每个人都能听见另一个人的呼吸。

忘记自己名字的男孩从脖子上慢慢地取下金项链，也就是奥林。他弯下腰小心翼翼地把那件宝贝放在阿特莱尤面前的雪地上。同时，他又了看那两条蛇，它们一明一暗，互相咬着尾巴形成一个椭圆。然后他就松开了手。

就在这一瞬间，金灿灿的奥林放射出无比明亮的光芒，使他不得不闭上眼睛，就像看着刺眼的太阳似的。

"到这一刻,巴斯蒂安才知道,读过的我们才知道!原来生命之泉就在巴斯蒂安的手中,找到生命之泉的方式就是放下。放下奥林,放下行你所愿,放下心想事成!然而,为了取下脖子上的项链,放下小小的奥林,他走了那么远、那么远的路,犯了那么多、那么多的错!他必须走那么远、那么远的路,他必须犯那么多、那么多的错!"

老师激动起来,一味自说自话,全然不管孩子懂否。

就在这一刻,老师无比清醒地知道:尽管大脑知道"放下"的意义,口里说着"放下"的重要——自己的手还紧紧攥着早就应该放下的东西。于是紧攥成了自己和别人的缠缚。我还在弯路上。要走的路还很远,要犯的错还很多。

好在阿伊欧拉夫人说过:"你走了一段很大的弯路,但这是你的路。""通向那里的每一条路,最后都是正确的。"

这时候,巴斯蒂安突然情不自禁地哭起来。他自己也不知道为什么。他感到好像心里有一个疙瘩被解开了,化成了泪水。

第四遍读到这里,看云泪如雨下!

哪一个迷恋幻想王国的读者不是将眼泪做了自己和《永远讲不完的故事》的连接,那些泪滴的来处,正是生命之泉。对于看云来说,《永远讲不完的故事》的奇特就在于,读的次数越多,哭的地方就越多。这是一种怎样的蒙恩的幸福!

要走的路还很远,要犯的错还很多。

尽管如此,没有一分心力白白付出,没有一滴眼泪白白流过。

我为孩子及家长所做的一切也是这样。

有些事物看不见,但存在着。

2014 年 4 月 30 日

"最重要的植物" VS "我和植物的故事"

一

从《永远讲不完的故事》开始，讲述只在星期三进行，周四不再重复。这个变化是自然发生的。毕竟四年级了，毕竟在老师的期待和情理之中——讲述是对已读的反复。

今天的讲述板书如下：

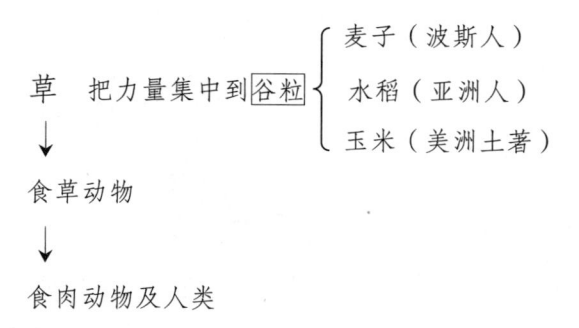

<pre>
            最重要的植物
    树
    花
    灌木
                        ┌ 麦子（波斯人）
    草   把力量集中到 谷粒 ┤ 水稻（亚洲人）
    ↓   └ 玉米（美洲土著）
    食草动物
    ↓
    食肉动物及人类
</pre>

"想想稻米和面粉在我们食物中所占的分量，再想想我们食用的肉也是从食草动物身上得到的。那么你就会明白，世界上所有的植物当中——"

"草是最重要的。"孩子们说，语气里充满惊奇和敬畏。

"草也是站得最直的植物。向上，向上，拼命向上。迎接太阳，拥抱太阳，接受阳光的能量，从而结出养我们性命的谷粒。我们也应该向草那样，无论多么样弱小，也要向上，向上，拼命向上，迎接太阳，拥抱太阳，接受阳光的能量，长出翠绿的叶子，结出饱满的谷粒。这样才不辜负草——这地球上最谦虚、最重要的植物。"

这是《科瓦奇讲植物》最后一讲。最后一讲选择草，是有意味的。因为草的平凡和柔弱能让孩子起共鸣，而草的直立与奉献，则能让孩子从内心升起一股向上的力量。

二

然后讲述"我和植物的故事"。"偷毛桃""谋害扁豆""楼下的香樟"，前两个和吃有关。这是有意的，为了和草保持连续性。

"偷毛桃"说的是小时候因为馋嘴，到河对岸的生产队里偷毛桃，结果全家被生毛桃的毛痒得夜不成寐。

"谋害扁豆"讲的是小时候因为粮食短缺，饭里总是掺着杂粮。因为恨吃扁豆饭，每天傍晚给蔬菜浇好水后，我把豆秧轻轻往上一拨，几日之后，扁豆全部"莫名其妙"地死掉了。"结果呢，我还是没有吃到白米饭！少了扁豆，还有南瓜、红薯和四季豆！"

讲述结束。老师宣布："下午当堂作文，就写'我和植物的故事'。"

潘已欣的《我和板栗树》写了从板栗蒲中剥板栗，她的手被戳伤的事情；汪博涵的《百合花》写了在母亲节到来之前，回忆去年送母亲的节日礼物；徐真松的《我家的仙人柱》写仙人柱洁白的花朵招来几只肥胖的蜜蜂；奚悦扬的《可怕的松树》写家乡的老树给她带来的恐惧……"我和植物的故事"可谓精彩纷呈。

2014年5月7日

希腊神话中的植物（上）

一、达芙妮和月桂树

休耕，然后回来。回到希腊神话。

这是寒假重读《学校是一段旅程》的收获。

在《上帝之城》里，奥古斯丁谴责希腊神话的"淫乱肉欲"及对"青年的腐蚀"，表面看来也确乎如此。所以，选择哪些故事进入课堂，看云也确乎费了一番脑筋。

解决方案来自斯坦纳"完整、连续的教育原则"。《科瓦奇讲植物》之后，讲述"希腊神话中的植物"。即便是植物，要想撇清爱情也是不可能的，看云也不想撇清。可以和四年级的孩子严肃地谈论爱情，这是看云引以为自豪的。

"就是要在孩子还处在崇拜权威阶段的时候，和孩子干净地讨论爱情。过了这个村就没这个店了。等他们再大一点，大到挑剔老师、崇拜明星的时候，再要补上这一课就来不及了。"

5月24日，湖南永兴，县政府礼堂，看云如是辩解。24日那个半天的讲座就是从《达芙妮和月桂树》开始的。在此之前，满场久违重逢的亲热！《达芙妮和月桂树》仿佛是对台下聊天的认同和参与。一分钟后，一千二百多人安静下来。只有看云一个人的声音：

"人就是这样奇怪，越是得不到的东西越觉得好，越想得到。就这样，矫健神勇的太阳神和妩媚婀娜的达芙妮展开了一场马拉松比赛。何止是全力以赴！双方都是用命在跑！阿波罗毕竟是阿波罗，达芙妮毕竟是达芙妮，比赛结果——那是不言而喻的！"

"呵呵！"所有的老师都笑了。

5月14日，初次听到这里的孩子也是这样笑的。

5月15日，再次听到这里的孩子还是这样笑的。

"眼见阿波罗就要触碰到达芙妮了！跑到父亲为神的河边，达芙妮精疲力竭，再也跑不动。她跪在水边，大声祈求：'父啊，随便把我变成什么吧！只要不落入这个家伙的手中！'话音刚落，达芙妮就觉得有木质的根须从脚底生出，坚定不移地伸入地下。而就在同一时刻，胜利在望的阿波罗惊讶地发现，抓在手中的不是达芙妮的衣裙，而是月桂树柔软的枝条。抬头看去，达芙妮娇媚可人的头颅，已经变成婆娑摇曳的树冠，仿佛还在因为愤怒和疲累而喘息、颤抖呢。

"这是阿波罗做梦也没有想到的结果！阿波罗并没有就此放弃对达芙妮的爱。阿波罗给了月桂树四个祝福：我要用你的树枝编成我头顶上的桂冠；我要用你的木材制成我的竖琴；我要用你的花朵装饰我的大弓；因为生而为人的你是如此美丽，我祝你所变成的月桂树青春常在，魅力永驻！'从此以后，'达芙妮'这个名字、这个品牌就有了'青春常在、魅力永驻'的含义。"

"唉！"孩子们一声叹息。稀稀拉拉的掌声听起来也像是叹息。为阿波罗，也为达芙妮。

5月15日重讲，重讲状态有如初讲一样新鲜、饱满。是这种新鲜、饱满的重讲，向孩子昭示：纯净的激情可以常在，经典的聆听就当反复。老师也好，孩子也好，如此重复是对意志的修炼、感受的增强，也是"艺术教育"的正道所在。

为什么艺术元素会如我所说，对意志发展具有这样特殊的作用呢？第一点，因为练习有赖于重复；第二点是因为孩子以艺术的方式学得的东西会每次都赋予他新鲜的喜悦感。这份艺术之乐，每一次都会得到享受，而不只是在第一次。艺术在本性上具有某个东西，不单给人一次触动，而是反复给他新鲜的喜悦。因此我们在教育中必须做的事是紧密地与艺术元素结合。

（斯坦纳《人学》）

更为真切、更为深刻地，孩子再度为阿波罗和达芙妮叹息。在一片浓得化不开的扼腕的氛围里，老师问："你们有没有想到过，为什么达芙妮居然不爱阿波罗？"

"是啊！为什么？"

"因为俊美、矫健、能歌善琴、多才多艺的大神阿波罗啊——他不小心得罪了一个顶顶小不点儿的娃娃神！他是谁呢？他就是光着屁股，背着小弓，到处乱放箭的那一个。"

"哦！我知道了！我知道了！""是小爱神！"

这是第二天完成的板书：

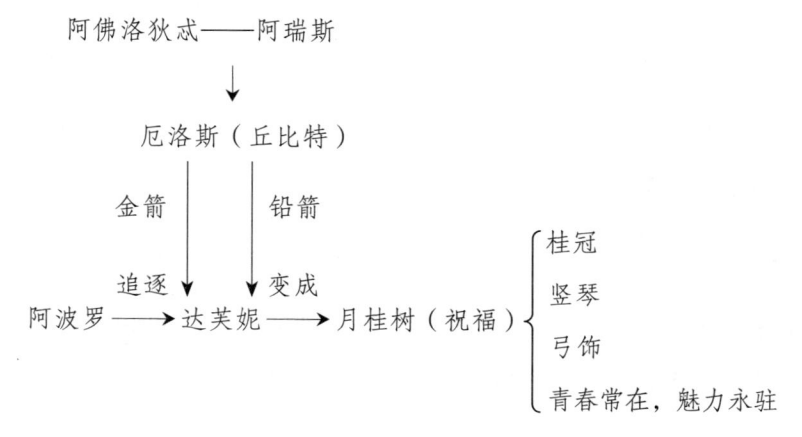

```
            达芙妮和月桂树

      阿佛洛狄忒————阿瑞斯
              ↓
          厄洛斯（丘比特）
          金箭    铅箭
            ↓      ↓              ┌ 桂冠
          追逐   变成              │ 竖琴
   阿波罗————达芙妮————月桂树（祝福）┤ 弓饰
                                   └ 青春常在，魅力永驻
```

"这个故事告诉我们什么道理？没有人举手……或者，给我们什么启示？"

一片不安的沉默。小安在电话里说："你这样问我，我也答不出。我敢说，你把合肥市第六十二中学的所有老师召集起来，能够回答的也没有！看云你错了。你明明知道故事不是这样讲的，神话更不能！"

5月15日的讲述是这样结束的，老师在一片惭愧的静默中说："小孩子是不能轻慢的！没有人是可以轻慢的！小孩子更不可以轻慢！这就是老师从《达芙妮和月桂树》中得到的体会。给你们讲述之前，老师没有想到这一层。是你们，在你们不知道的时候，让老师明白了这一点。所以啊，小孩子真是不可以轻慢的！"

"小孩子是不可以轻慢的！童谣、儿歌、儿童文学是不可以轻慢的！"

24日上午，湖南永兴。说完"月桂树"，接着讲述无字书《十朵小云》。

二、红玫瑰与秋牡丹

"这个故事给你们什么启发？"

多么粗暴、势利的问题！这种迎面泼凉水、当头棒喝的结果，往往令浸在梦中的孩子感到不适、不安、紧张、惭愧。而习惯了这种泼凉水和棒喝的结果，就是丧失"睡进故事"，与故事融为一体的能力。真正的灵醒来自充足的睡眠，"一直醒着"的结果是晨昏颠倒，从而将甜睡的幸福、思维的快乐一并错过。

可是，如果老师有心得，为什么不和孩子分享呢？

况且，如果老师自己是没有感觉的，如何做到"有感而讲，触动全人"？

5月21日讲述《红玫瑰与秋牡丹》。这是板书：

白玫瑰刺 → 阿佛洛狄忒 → 足血 → 红玫瑰

野猪 → 阿多尼斯 → 鲜血＋神酒 → 秋牡丹（风之花）

22日的再讲，是以聊天方式进行的。

"阿佛洛狄忒是爱与美之神。拥有最美的相貌，掌管世人的爱情。阿佛洛狄忒是如此之美丽呵——"

"就连奥林匹斯圣山上的主神宙斯都追求她。"

"阿佛洛狄忒拒绝了宙斯。宙斯心怀怨恨！为了报复阿佛洛狄忒——"

"宙斯让她嫁给又丑又跛的火神。"

"这就是阿佛洛狄忒的婚姻！完美不完美？"

"不完美。"孩子们同情地说。

"阿佛洛狄忒是谁？爱与美之神啊，美貌绝伦如阿佛洛狄忒，掌管爱情如阿佛洛狄忒，然而就连她自己——"

"也不能拥有完美的婚姻！"王林森鼓着眼睛激动地说，"完美婚姻很难得！"

"古往今来，爱情故事一直拥有迷人的魅力。我们要接纳生活中的不完美。如果你不能接纳，你就想想阿佛洛狄忒，你问问自己：你有阿佛洛狄忒美吗？你如阿佛洛狄忒是神吗？就连她，就连她！就连阿佛洛狄忒——"老师的手指向黑板上的"野猪"。

"都不能阻挡阿多尼斯去打猎。"男生说。

"也不能挽救阿多尼斯的生命。"女生说。

一瞬间，看云又明白：大多数女性喜欢无限放大爱情的力量。而爱情在大多数男人那里远远轻过自己的爱好，男人可以忍痛克制一时，也不太可能为了爱改变自己——哪怕那个爱好是致命的。因为每一个致命的爱好，就是这个人本身。

"作为爱与美之神，阿佛洛狄忒显示过她的神力。那就是——又忘记了？哦……王浩和程嘉玲想起来了。为了回报金苹果的判决——"

"把海伦给了帕里斯。""不，是拐走了海伦。"

"结果怎么样？我们都知道！"短暂而凝重的沉默后，老师接着说，"让我们回到故事。当阿佛洛狄忒从海里诞生的时候，世界上同时也诞生了白玫瑰。白玫瑰的花朵象征着阿佛洛狄忒的美丽，而刺呢？"

"象征众女神对她的嫉妒。"

"现在有了红玫瑰。玫瑰为什么这样红？"

"阿佛洛狄忒的血染的。"

"都见识过玫瑰和月季的刺吧？又硬又尖！红玫瑰是阿佛洛狄忒对阿多尼斯的爱的证明。然而结局又如何？从故事结局看，你觉得红玫瑰吉祥吗？"

"不吉祥。""不太吉祥。""吉祥！""就吉祥！"

"显然，说玫瑰'不吉祥'是荒唐的。因为毕竟——"

"玫瑰太完美了！""玫瑰是发展最平衡的花儿。"

"阿佛洛狄忒和阿多尼斯的爱情是凄美的，而玫瑰却因此成了爱情的象征。我猜想啊，人们之所以选择完美又有硬刺的玫瑰作为爱情的象征，就是想提醒恋爱中的人们——"

"完美的爱情很难得。""爱就有痛。"

"作为象征爱情的玫瑰，也许有两层含义：一是祝愿，二是决心。我决心坚定不移地和你走在爱的路上，哪怕经历痛苦，哪怕脚被扎伤。"

三、那喀索斯和水仙花

"那喀索斯是水神与河神的儿子。小婴儿刚出生的时候可爱得不得了！是真正的人见人爱！父母请盲眼的预言师为他算命，问儿子是否幸福一生。得到的回答是'可以，但他不能看见自己'。

"那喀索斯越长越漂亮，成了全希腊第一美男子！他的俊美和光彩照人，简直胜过阿波罗！每一个见到的人都无法克制地喊：'那喀索斯，我爱你！'"

"呵呵。"男孩们笑了，尖声尖气地重复："那喀索斯，我爱你！"

"你们的理解是狭隘的。不光是女孩子以及丁克铃那样的女精灵，所有的老人、孩子、青年，尤其是到了恋爱年龄的姑娘，一看到那喀索斯就忍不住心生欢喜。谁不喜欢美丽的事物、漂亮的人呢？何况那喀索斯又是那样的温存、健壮、俊美！可是，那喀索斯谁的爱也不接受，他对那些爱他的人，尤其是女孩子、女精灵尤其冷漠。'讨厌！离我远一点！'"不知为什么，老师也换了尖声尖气的调子。大约就因为自恋的人不可能有男子气吧！

"呵呵！"全班都笑。

"自恋。"康玟君说。

"自恋？你怎么知道？"

"我读过。"

"自恋，不错。古往今来的人们都这样批评那喀索斯，就像达芙妮代表青春常在，红玫瑰代表爱情一样，那喀索斯是'自恋'的代名词。然而，我们最好不要急着听别人的评价，还是回到故事本身。一个问题，你们希不希望自己如那喀索斯一样人见人爱，时时刻刻活在赞美里？"

"当然。""好想哦！"如此急切回答的，是一个总挨批评的男生。

"那么请你设想一下，就是每天，从你睁开眼睛的那一刻起，从你妈妈、爸爸开始，然后是上学路上遇到的每一个人，然后是教室里的58个同学，然后是薛老师——每一个看见你的人都说：'我爱你！我爱你！我好爱你！不要不理我嘛！不要皱起眉头！不要别过脸去！你可以不喜欢我，可你一定要接受我的礼物，拉一下我的手。然后我就不再烦你了。就一次，就一下。就一次嘛就一下……'"

"讨厌！"全班一起说。

"幸好我不是那喀索斯。"刚才回答"好想"的那个孩子说，"还不如抄书和罚站呢！"

"就这样！那喀索斯慢慢变得冷漠。人人都说他傲慢，他真的冷漠吗？"

"不。是他烦死了。"

理解的基调奠定之后，老师继续讲述。

"时间长了，被那喀索斯伤害的女孩子、女精灵越来越多，她们心中升起一种怨恨。记住！爱是很容易变成恨的。恨和爱，是人和人之间最紧的连接。于是，她们去找谁？"

"复仇女神？"他们试探地回答。

"复仇女神当然是女的。复仇女神很同情那些女孩子和女精灵，于是决定替她们报复那喀索斯。问：什么才是完美的报复？"

"就是把你给我的伤害还给你！"

"对于那喀索斯的完美报复就是什么？"

"让他爱上一个不爱他的人！"

"有这个人吗？他已经是全希腊最美的了。男人、女人加在一起，他也是最美的那个人！"

"哦！"一个孩子恍然大悟，"那就让他看见他自己！让他照镜子，照湖水！"

…………

"就这样，俊美绝伦的那喀索斯，冷漠出名的那喀索斯，目不暂舍地看着水中的那个人。多么想和那人紧紧握手、甜蜜拥抱啊！可是，只要一伸手，水里的那个人就消失了。相望而不能相触是令人绝望的痛苦！然而那喀索斯就是没有力气挪动身体，转移目光。天色晚了又早，太阳升了又落。不吃、不喝、不眠、不休，那喀索斯盯着水中的那个人，一天天憔悴下去。他的痛苦远大过那些女孩子，因为她们还可以互相安慰，从情敌变成盟友。就这样，那喀索斯慢慢衰竭死去了。水中精灵都来哀悼他。当她们堆起木柴，准备火葬那喀索斯的时候，惊讶地发现——"

"那喀索斯不见了。水中有了一朵花。"

"那喀索斯死了。那喀索斯为什么变成了水仙花？"

"他要看见水中的那个人。"

"你们觉得这个人怎么样？"

"好可怜！"

以上是周三的讲述。次日其实是复述，边复述边讨论如下问题：

"完美"可能有什么害处？（孤独。没人配得上你。只能被爱而不能去爱。）

"缺陷"的好处是什么？（得到属于你的那份爱、那个人。即使那个人有缺陷，你也要包容、欣赏那个人。）

所有的人都爱你，就一定幸福吗？（不。爱太多了就会不珍惜，就会变得不会爱。）

那喀索斯"致命之爱"的对象是自己吗？（A. 当然是自己。B. 不是自己。他没有见过自己，不知道水中的那个人就是自己。C. 那喀索斯最终爱的还是他自己。这就像丑小鸭，虽然不知道自己是天鹅，但是身为天鹅的天性还是让它一再出逃，奔向广阔田野。因为是天鹅，所以它看到天鹅就激动。当丑小鸭宁死也要飞向那些高贵的鸟儿的时候，它正在认出自己、成为自己。所以，尽管没有意识到，那喀索斯爱的还是自己。完美不是不爱别人的理由。说他自恋也不是没有道理。）

2014 年 5 月 30 日

希腊神话中的植物（中）

牧神潘和任绪克斯

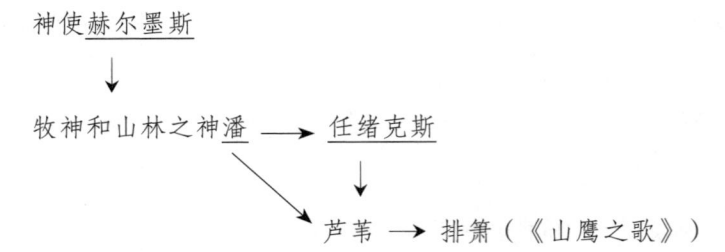

神使赫尔墨斯
↓
牧神和山林之神潘 → 任绪克斯
↓
芦苇 → 排箫（《山鹰之歌》）

6月4日，当讲述板书确定——雄健而略带哀伤的《山鹰之歌》在办公室盘旋而起时，看云蓦然意识到：这一系列"植物故事"其实都和死亡有关。

"听过排箫吗？"

"没……有。"

"虽然没有听过，但我们可以肯定，这首《山鹰之歌》——"

"很好听！"

"为什么？"

"……"

"即便没有见过月桂、秋牡丹、水仙花，我们也可以确定月桂、秋牡丹、水仙花很美丽！为什么？"

"因为达芙妮、阿多尼斯、那喀索斯很美丽。"

"任绪克斯发愿效仿雅典娜和阿耳忒弥斯，发愿效仿雅典娜和阿耳忒弥斯的任绪克斯纯洁和美丽。而排箫，正是用任绪克斯变成的芦苇制成的；箫声表达的，正是潘对任绪克斯的思念与爱慕。所以我们可以肯定：排箫的声音一定很动人。不信我们听——"

6月4日下午，第一次讲述结束，播放《山鹰之歌》前，师生之间如上对话。

6月5日下午，第二次讲述结束，再次播放《山鹰之歌》之前，师生做了关于"死亡即转化"的严肃讨论：

"任绪克斯哪儿去了？"

"任绪克斯变成芦苇了。"

"端午刚过。包粽子用的正是芦苇叶，我们对于芦苇的清香还有记忆。对比达芙妮变成的月桂树、阿多尼斯变成的秋牡丹、那喀索斯变成的水仙花，你们有什么想法？"

"美丽的人都变成了美丽的植物。""和月桂、秋牡丹、水仙花比较起来，芦苇最普通，最不起眼，也最亲切，因为任绪克斯只是一个精灵。而达芙妮、阿多尼斯、那喀索斯是神的孩子或神的爱人。人死后会变成什么，跟他活着的时候是什么有关。"

"对。这一世生命结束后变成什么，和我们这一世的品行、力量有关系！达芙妮、阿多尼斯、那喀索斯还有任绪克斯，他们死了吗？"

"没有，他们的美还在，只是换了一种形式。"

"这些好东西都决不会消失，因为一切好东西都永远存在，它们只是像冰一样凝结，而有一天会像花一样重开。"

老师诵起戴望舒的《偶成》，孩子重复："它们只是像冰一样凝结，而有一天会像花一样重开。"

"所以，当《山鹰之歌》响起时，就像冰融化、花重开，进入我们耳朵里的不仅是这首民歌，还有——"

"牧神潘和任绪克斯的故事。""芦苇的美丽。""排箫的传说。""还有潘的老爸赫尔墨斯。"

"这些美丽的事物，就像白昼的星星、冬天的蒲公英，它们在我们眼里是看不见的——"

虽然我们看不见，但它们存在着。有些事物看不见，但存在着！

这是金子美铃的诗。诗人生命的短暂、艰辛及超凡绝尘的净美，颇让人想起风中作歌的芦苇。

四分零四秒的《山鹰之歌》结束。第一组问题充分沉淀后，讨论第二组问题：牧神潘的幸与不幸——

潘很阳光、很自信，如果换一个人，潘很可能是自卑的。为什么？（生来头上长角，脚是羊蹄，妈妈都不要他，是个弃婴。）

潘为什么这么阳光？（老爸爱他！潘天性乐观，他只吸收正能量，忘记了没有母亲的缺憾。）

人生不如意事十之八九。各人生活幸福不幸福，归根到底决定于谁？（决定于自己。正能量招引正能量，负能量招引负能量！）

班上的单亲孩子一定听懂了老师的话。然而这些话又不光是说给单亲孩子听，也是说给全体同学和老师自己听的。

2014 年 6 月 5 日

希腊神话中的植物（下）

一

　　亲爱的奶奶：弟弟死了，我和爸爸妈妈都很难过。妈妈说，好人死了会到天堂。弟弟跟奶奶在一起，弟弟有玩具吗？弟弟的木马我也不骑了，积木也不玩了，怕爸爸看了伤心。爸爸烟也不抽了，话也不说了，我爱听的故事也不要爸爸讲了。有一次妈妈劝爸爸不要太难过了，爸爸说只有主才能救他。奶奶，主在哪里呢？我一定要找到他，请他来解救爸爸的痛苦，叫爸爸重新抽烟斗，重新说话讲故事。

孙女：玛莉

读到这里，老师停住了，停了很长时间，直到全班浸入文字。当哽咽再度冲向喉咙，老师克制住自己，用轻柔的声音读完最后一段：

　　这天下班后，街灯已亮了。弗雷德快步回家，他没有再注意到自己在地上的影子，一会儿在前，一会儿在后，因为他已把头抬起来向前看了。他踏上家门前的台阶，没有立刻推门，他站着，摸出烟斗，装上一袋，点燃了，这才推门进去。他向迎上前来的妻子和女儿像以前那样笑着，徐徐吐出一口烟，那种久违了的温暖气息又回来了。

停顿。老师说："我受不了。备课的时候我就受不了。读一遍落一回泪，我想到了刘雨彤。学期快结束了，刘雨彤离开我们也一个学期了。我常常想起她……有风从走廊过的时候，我觉得那是她；月季花盛开和金银花飘香的时候，我觉得那也是她……我最不敢想的就是……我最不敢想象的就是：四个月来，刘雨彤的爸爸妈妈，他们的日子怎么过……"老师说不下去了，于是干脆放弃克制的努力，摘下眼镜，任擦也擦不干的泪水决眶而出——任擦也擦不干的泪水带走心中诸多郁积。学期即将结束，很难很累的马年春天渐渐远去。这是我的放下和治疗。

孩子们都哭了。然后他们读："英国的一座小城里，有位叫弗雷德的邮局职员，是送死信的高手，凡是地址不详或字迹不清的信，经他之手投送无一不中……"

这是昨天上午语文课上的事。下午讲《珀尔塞福涅和哈得斯》。

这样的巧合真的纯属偶然吗？

二

"一年级到今天，每周一个故事，每个故事讲两遍。有没有人想过，老师为什么要这样做？谁知道，谁就是我的知音！"

今天下午，再次讲述之前，老师如是逗引。

"两遍可以让我们记得更清，印象更深。""第二遍我们和老师一起讲。听过两遍就可以给父母讲。""第二遍有一些新东西，让我们对故事了解得更详细。""第二遍的时候，我们会有一些想法拿出来讨论。"

"真好！那让我们一起重讲。奥林匹斯圣山上的男神往往见一个爱一个，其中拥有女人最多的是——"

"主神宙斯。"

"阿波罗也是哦！女神也有这样的，最突出的当然是——"

"阿佛洛狄忒！"

"也有终身不恋爱、不嫁人的处女神，比如——"

"雅典娜和阿耳忒弥斯。"

"以及崇拜她们的——"

"任绪克斯和珀尔塞福涅。"

"今天的故事发生在谁和谁之间？"

"珀尔塞福涅和冥王哈得斯。""还有宙斯和得墨忒耳。""还有大地女神盖亚。"

重讲就这么热闹地开场了。

并非有意。大约从三年级开始，每次重讲都有一点新内容。今天的一点新内容是由一个问题引出的："你们猜，作为谷神和母亲，得墨忒耳的体态应该是苗条的还是丰满的？"

"丰满。"

"对，丰满！丰满是母性的美，丰满是爱和力量充足有余的表现。丰满的母亲让孩子感到温暖、安全，可信、可靠。就像，就像——就像老师这样！"

今天老师穿了一件崭新的夏装：明灿柔和的橙色，宽松而合体。

"嘿嘿！"全班都笑了。

"苗条有青春的美，丰满有母性的美。前者如爱与美之神阿佛洛狄忒，后者如谷物之神得墨忒耳。有人喜欢苗条，有人欣赏丰满。重要的是要有内在的力量、内在的美，那就是爱、正直与善良。"

"嗯！""就是！"全班自信满满。男的和女的，胖的和瘦的。

"想象一颗母亲的心！她把所有的幸福和寄托都放在女儿身上！可是，就在这样一个花果飘香的日子，和女伴一起出去郊游的心肝宝贝，就这么突然失踪了！想象一颗母亲的心！女儿是她全部的快乐和心灵依靠！而大地上的五谷丰饶，正是得墨忒耳幸福快乐的散发和流溢。失去孩子的得墨忒耳失魂落魄，一夜瘦脱了形，一夜急白了头。一夜之间，就从丰满迷人变得干枯衰老！骨瘦如柴的得墨忒耳，在大地上四处游荡，逢人就问：'有谁知道我的心肝宝贝珀尔塞福涅哪儿去了？怎么好好的就不见了呢？'母亲披头散发地呼喊着，询问着，所到之处，花朵凋零，果实坠落，寸草不长。"

这一段是看云的讲述核心，语调、词句都尽量反复初次所讲。对于这个年龄的孩子来说，"丢失孩子的母亲的痛苦"携带了攫住童心的强大情感力量。颠来倒去的询问，近乎崩溃的语调——一旦他们体察了得墨忒耳的感受，也就懂得了人心哀绝的力量、大地肃杀的原因。

当然，就故事及生命的完整性而言，正是这种肃杀和哀绝成就了春夏的丰饶、相会的喜乐。然而"这一点"全不必在这个时候给孩子说破。

不过在这第二次的讲述中，老师还是点到了相关故事。比如珀尔塞福涅的走失与小红帽的迷路，比如冬春交替和佩尔林与色彩海洋之间的转换。《永远讲不完的故事》，是我们永远取用不尽的宝典！

"这就有了四季的交替，这就有了谷物的春生、夏长、秋收、冬藏。"

并非每次都有讨论。今天讨论了如下问题：

你觉得这个结局好吗，好在哪里？（好。对得墨忒耳和哈得斯都公平。人间从此有了四季，既不会闹饥荒也不单调。还可以秋游、打雪仗。）

哈得斯是个好丈夫吗？（是。因为他只爱一个女人。守信用，每年让妻子和母亲团聚。）

如果你是珀尔塞福涅，在宙斯和冥王哈得斯之间你愿意选择谁？（哈得斯！）

你觉得珀尔塞福涅幸福吗？（挺幸福的。慢慢地，珀尔塞福涅会爱上丈夫。一年到头和母亲在一起或者一年到头和丈夫在一起也很单调。这样半年半年地来回，两全其美很美满。）

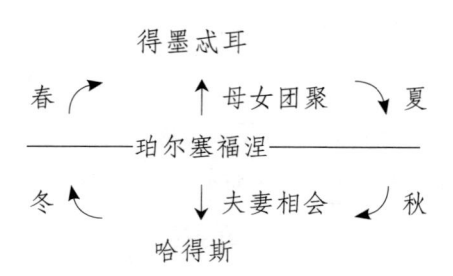

```
              得墨忒耳
      春 ↗     ↑ 母女团聚   ↘ 夏
      ————— 珀尔塞福涅 —————
      冬 ↖     ↓ 夫妻相会   ↙ 秋
              哈得斯
```

实际板书中，上图外面四个箭头连成一个动态循环的圆圈。

三

生与死的一体两面，悲欢离合的相辅相成——这些老师都没有说。急什么呢？对于孩子来说，故事就是故事。好玩和印象深刻才是最重要的。因为：如果仅仅凭借自我和语言，老师所能教孩子的其实很少——竟或不能真正地教。

然而，如果他告诉自己："这里有一个人，而他拥有与整个宇宙的连接；而我对每个成长中的孩子所做的一切，我所用的方式，对整个宇宙具有重要性。我们齐聚在这间教室里，每位孩子之中坐落一个全世界的、大宇宙的中心。这间教室是一个——实际上是很多个——大宇宙的中心。"那么他就会有不同的感受。想想当以活生生的方式去感受这个观念时，它意指什么？宇宙的观念以及它与孩子的连接是如何转变成一种圣化我们教育工作各个面向的感受的。少了这种关于人与宇宙的感受，我们将学不到认真并且真正去教。一旦我们拥有这种感受，它们就借由潜伏的方式传授给孩子。

在其他环节中，我说过当我们看到电线是如何穿入大地，进入铜盘，与地球是如何不用电线而承输电力，总是让我们充满惊奇。如果你怀着自我感进入学校，你就需要各种电线——字词——以使孩子理解你。如果你拥有由观念——例如我们今天所讨论的观念——而生起对宇宙的伟大感受，那么你和孩子之间将会流通一道潜伏电流。然后你将会与孩子合一。这里面有某种属于你与孩子整体之间的神秘关系的东西。真正的教学法必须建立在这种感受之上。教学法一定不是一门科学，而必须是一门艺术。而哪里有一门无须持续处在感受之中而能学到的艺术呢？不过，我们为了修习伟大的生命艺术、教育艺术，而必须活在其中的感受，只有借由对广大宇宙以及其与人的关系之沉思，才能点燃。

（斯坦纳《人学》）

四

下周讲述《雅典娜的诞生》，用这样一个诞生的故事作为"植物系列"的结束，除了众所周知的用意之外，还有一层意图，就是让孩子对宙斯的腹诽得以宣泄。

"'父亲，请您忍耐一下！'说完，赫淮斯托斯举起斧子，朝宙斯头上奋力劈去！"我能想象——那一刻，孩子们该多么开心！

学期就要结束，感谢老君和小龙，感谢从春到夏努力开花陪伴我、鼓励我的香樟、月季、蔷薇、忍冬——尤其是我们母语研究室的白兰花。

天何言哉！花草树木何言哉！

泥土一样坚忍；受了践踏和折损，却以花朵作为回报的植物啊——这些文字，是我不成敬意的答谢。

2014 年 6 月 12 日

五年级

WU NIANJI

主题：中国历史故事

一

也许是因为春天写得太多，夏天读得太多，这学期我深切感觉需要放慢节奏。

开学以来，阅读主要听老君、小安朗读；文字只记《新月集》课堂。至于讲述，一直在犹豫和寻觅之中。直到今天，星期二下午讲述课上，五年级的讲述才有了确定的方向和感觉。

"五年级了，我们已经能读整本字书，讲故事不那么必要了。你们表现好并且空闲的时候，我们再讲，好不好？"

第一周的讲述课上，看云如是宣布。一开口底气就不足，仿佛在为自己的懒惰请求原谅。

"哦……""唉……"

快快不乐地咕哝更掏空了老师的底气。于是，从那节课起，从重温二年级的《打架》开始，故事还是一次没落地讲下来了。不再讲两遍，也没有主题。如此勉力维持的讲述，更多出于感情的需要。

袁文轩在日记中写道："薛老师现在每个故事只讲一遍了，我们都听得格外珍惜！"

"抱抱丛书"的《打架》，新美南吉的《武士和糖球》《米达斯的点金手》……前三周的讲述尽管绘声绘色，然而无论老师还是孩子，都有不满足的感觉。于是有了《抄袭风波》的讨论。

"取消抄袭学生的成绩，这是否过于严厉？"

"你能理解那个愤而辞职的女教师吗？"

"学校、家长给女老师施加压力对吗？"

"校方及家长对于学生的抄袭行为有没有责任？"

"是否可以让抄袭的学生重考一次？"

"抄袭者的名字被多所大学、大公司录入黑名单，以便将来不录取、不录用，其目的和意义仅仅是惩罚抄袭者吗？"

"时间过去了，可是事情没有结束！很多大学宣布这所中学的毕业生为'不受欢迎的人'，学校所在社区的居民开始担心自己会被贴上'不诚信'的标签，如此严重后果——说明美国是一个什么样的社会？"

"逃脱了该受的惩罚的结果是什么？"

那一天的讨论激烈异常，很多孩子站起来大声争论，连听课的老师都激动地卷了进去。这次讲述，令看云印象深刻，也给了看云很大启发：五年级就是五年级。他们有讨论的需要，知性的需要。

勉力维持，没有主题。然而讲述课的不可中断已成定局。

一边讲一边寻觅和等待。因为《松毛虫的故事》讲述忒修斯的故事。看云再次体会到：对于中高年级孩子来说，希腊神话的震撼力还是难以比拟的！承接《抄袭风波》，又讲述了《天上有人看见了！》和《哈默林的花衣吹笛人》。前者虽然短小，然而因为有斯坦纳理论做支撑，那天的讲述还是带给了他们极大震动。直到昨天，还有孩子在日记里写道："骗过奶奶后，我一直觉得天上有一双眼睛在静静地看我。一个人的时候，那双大眼睛就冒出来静静地看我，让我不能安宁，所以我一定要把这件事写出来。"而《哈默林的花衣吹笛人》则是看云听过的同类故事之最为惊悚者，故而要和孩子分享。

这期间学习了《孔子的故事》。主要是老师读给孩子听，朗读中顺带讲述孔子的故事。那一课，孩子的状态已然不是"贪婪"可以形容！看云于是体会到何以"比静更静的是聆听"。林汉达的叙述沉静、质朴，《上下五千年》选材简练、精当。这种叙述和选材蕴含了对读者时间和精力的珍惜——可以让孩子在有限的时间里获得必需的滋养。

以《上下五千年》为蓝本讲述中国历史故事的念头，由此而生。

二

今天讲述《商汤灭夏桀》。这是板书：

商汤讨伐夏桀

夏启……→夏桀

商汤　伊尹　关龙逄

葛伯　顾　　昆吾

朝贡　九夷　誓师讨伐　流放南巢　建立商朝

指着板书读词、解词。然后将词语串成故事。这样老旧的故事不曲折也不好玩，然而孩子听得非常专注！五年级了，他们对于历史有了需要。

讲完一遍，当堂再讲。这一次要求孩子注意"崛起"的商汤征伐"强大而荒淫"的夏朝的步骤：

得伊尹。先将伊尹推荐给夏桀，夏桀荒淫误国，驱逐贤才。伊尹只好回到商汤身边，从此忠心耿耿地辅佐商汤，有如诸葛亮之于刘备。

收人心。哭祭忠臣关龙逄，推荐伊尹给夏桀，以"不敬天"为由灭葛伯，誓师明志——都是向世人表白心迹，以期征伐之举得到同情和支持。

蚕食夏的联盟部落。陆续灭韦、顾、昆吾，由此达到三个目的：证实夏的昏聩，扩大地盘，壮大实力。

征伐之前，先停朝贡以作试探。见夏桀能够动员九夷进攻商部落就主动请罪、恢复朝贡。等到九夷也纷纷叛离夏朝，才誓师出征，一举获胜，把夏桀流放到南巢（今安徽巢湖西南）。

"讲述要有灵魂。这个灵魂就是老师从故事中提炼出来的一条教益。这条教益必须是故事本身蕴含的，同时又是'这个年龄的孩子'能够理解并可以吸收到生活中的。如此这般的历史故事讲述就是活的，其生命力一方面来自教师生命的浸润，另一方面来自与孩子理解力、吸收力的连接。如果没有了这一点教益、活力和知性的满足，历史故事就成了一堆碎散、死气沉沉的陈年垃圾。焉能为有，焉能为无。"办公室，看云对也在讲述《上下五千年》的老君说。

2014 年 11 月 4 日

可怕的讨论

一

简单温习上回书说到的"商汤革命"，诵读板书，抄写板书，然后依照板书娓娓道来。

独立阅读中，"盘庚迁都"之类，孩子大约是看不进去的。而老师，就是要有意选择这些"里程碑"性质的枯燥故事进入课堂。这是为孩子搭建骨架，也是帮助他们长成骨架。"盘庚迁都"板书如下：

盘庚迁都

商汤革命　兄终弟及　传位31王　仲丁开始迁都

亳（河南商丘）→嚣（河南荥阳）→相（河南内黄）→邢（山东定陶）→奄（山东曲阜）——第20君盘庚→北蒙（河南安阳西南）——之后11王再没有迁都

大邑商　殷都　殷墟

1928年考古发现：甲骨文、青铜器、殉葬奴隶遗骨……（联系认识汉字）

兄终弟及、半游牧半农耕、频繁迁都——这些讲述带来的洪荒感，大约令孩子有所触动吧？由于之前学生已认识了不少古文字，甲骨文反而让他们觉得亲切。

"殷墟考古发现"唤醒古文字的学习体验。而今天的讲述大约也将被遗忘——睡进孩子——等待唤醒。

二

武丁与傅说

商王小乙→武丁（逐出王官，民间生活）

三年居丧　一朝开口　按图索骥　傅说为相（？）

上周二的讲述课上，"武丁与傅说"讲毕，我们讨论了一个问题："武丁梦见贤相"究竟是怎么回事儿？结果他们得到了和林汉达一样的结论——

那时候社会等级森严，即便是武丁，要想任用身为奴隶的傅说，也要假托"天帝"之名，才能达成心愿。这也是民间生活给予武丁的丰厚恩赐。是民间的"大地"让他成为有力量的安泰。逐出王宫的惩罚，从另一方面看是好事。

三

一般情况下，老师尽量注意故事与故事之间的繁简搭配。简单明了的"武丁与傅说"之后，这一周讲述相对复杂的文王世系及文王故事。

姬昌与姜尚

商王文丁 → 帝乙 → 纣（酒池肉林 炮烙之刑）

诱杀↘　　　　　　↓拘于羑里

古公亶父兴于岐山→季历———→西伯姬昌

　　　　　　　　　　　｜征服西戎 策反东夷
　　　　　　　　　　　｜灭崇国 建丰京

姜尚垂钓渭水

（妲己　伯邑考）

11月25日，昨天下午的讲述课上，简述上回书说之后，老师以缓慢的语速把"姬昌与姜尚"说了两遍。说到"征服西戎—策反东夷—灭崇国—建丰京，最后一举灭商"的战略步骤之前，不免在黑板上画出大致的形势图，然后问孩子："你们认为该如何一步步达成灭商的目的？"孩子们并不费力就得到了姜尚所献的计策。这节课我们没有特意回顾商汤革命的步骤——然而这样的提问其实就是唤醒了那一课的所学。由于某种说不清的原因，老师有意避开"天佑善人"的道德宣说，侧重分析历史演变中的力量消长和智力运作。

"就这样稳扎稳打，蚕食鲸吞！西戎成为周部落稳定可靠的后方，崇国都城成了周部落坚固稳定的新都。周的势力如一支长矛，直指商国，各方诸侯也纷纷归附于周。灭商复仇的时机日渐成熟，就在这个时候，姬昌却一病不起，与世长辞了。"

"他的儿子武王伐纣。"刘传星说。

"对。这是我们下回要说的内容。"老师应道，然后对全班说，"对照板书看笔记，将故事在心里温习一下。"

"刚才是正式讲述。正式讲述中，老师有意略掉了两个人，现在补充说给你们听。这两个人就是妲己和伯邑考。"

继续板书，孩子们补充笔记。同时起了议论："妲己！""妲己！我知道！""伯邑考？""伯邑考是谁？"

"纣王和妲己的故事大约你们都知道，我就不说了。在女性只能被人玩弄和摆布的时代，却非要把国家灭亡的罪过归到女性身上。这是一种怯懦且可鄙的历史观，既不真实也不公正。所以不值得作为历史来讲述。至于伯邑考——"

"假装顺服，忍痛食子，回到部落，灭商兴周"的典故，老师讲得简略而平淡。然而孩子们还是震惊了。令人压抑的沉默中，老师问："为了骗取纣王信任，吃下儿子的肉酱，最终获得自己的自由和部落的兴起。对于姬昌此行为，你持什么看法？……认同还是不认同？"

沉默。

"同意姬昌的举手。"

宋苔曦、刘传星举手。

"为什么？"

"伯邑考已经死了。不吃就不能出去报仇，他就白白死掉了。"女生宋苔曦振振有词，男生刘传星频频点头。

"不认同！"王曼林愤激地喊。

"不能吃！"唐魏东坚定地举手。

"不能吃！"郭与然站起来，"就是不能吃！父亲怎么能吃儿子的肉呢？就算他已经死了，就算为了部落！反正，反正就是不能吃！"

"5个同学表态了。其他人呢？你们什么意思？"

其他人都低着头，仿佛承受不住这种痛苦。

"汪博涵，你的意见？"汪博涵把头埋在桌子上，几乎要哭。其他同学把头低得更深，显然是在躲避。

"宋苔曦啊，我问你。如果你是伯邑考，你爸爸会吃你的肉吗？"之所以如此问，是因为老师知道这对父女的感情。

"肯定不会。"宋苔曦笑了，"我想，无论如何也不会。"

"而你，也就是伯邑考，假如在天有灵，希望爸爸吃你的肉吗？"

"希望。报仇！灭商！兴周！"宋苔曦又来劲了。

"你们呢？"

"不希望！"其余59人一起摇头。

"老师，我想问您——"依然站着的宋苔曦忽然说，"如果是您，您会怎样？"

"是啊！"全班安静下来。

老师顿住了，有好几秒钟说不出话来。假想，仅仅是假想带来的恐怖，就这样猝不及防地堵住了老师的嘴巴和胸膛，也让老师有所醒悟。

"这真是一个可怕的问题！想都不敢想象！老师要为刚才的提问向你们道歉。这样的问题太没人性！可是既然我问你们了，我就要回答你们的问。听好了：我是无论如何都不会吃下自己儿子的。无论如何！哦，这是一个不可以讨论的问题，这不能用成败得失来计算。说可以吃的同学，只是因为你们还没有孩子。请将这个问题带回去问父母。既然讨论了，就干脆讨论到底。"

四

今天下午，讨论继续。那样不吉祥的话题，不适合在早晨讨论。

"不吃！"

全班统一的回答中，李晨曦举手："爸爸先也是说不吃。后来，我把老师说的故事讲给他听，他就说吃了。"

"后来的不算！"老师断然地说，"这不是一个可以考虑的问题。"

"程嘉玲，你也问了吗？你有什么要说？"

"当时我好怕！"

"怕什么？"

"怕爸爸妈妈不要我，怕他们为了什么、什么……而吃我。"

"你的意思？"

"无论如何不能吃孩子！不管为了什么！"

"说得好！'无论如何不能吃孩子！不管为了什么！'大家想没想过：为什么纣王会用这个方法考察姬昌？想一想：为什么姬昌吃下肉酱就可以让纣王放心了？"

全班安静。

"传说姬昌会通过八卦预测未来。纣王想，如果真有这种能力，姬昌一定知道这是他自己儿子的肉，姬昌一定吃不下去！是个人都吃不下去！结果姬昌吃了肉酱。在纣王看来，其中的原因不外乎有两条。第一条，姬昌不知道吃的是他自己儿子，姬昌没有那么厉害，放他回去也无所谓。第二条，姬昌知道是自己儿子的肉，明明知道是儿子的肉还吃下肚去，这说明什么？"

"姬昌怕纣王。""姬昌要报仇！"

"昨天我们说到，纣王是一个聪明的人，以纣王的聪明，他得出的结论是：姬昌要么不知道，要么就是绝对顺服，绝对害怕。聪明而残忍的纣王，做梦也没有想到：姬昌竟然能够为了自己和部落而吃下自己的亲生儿子！这又说明什么？如果换作纣王，纣王会不会吃下自己的孩子？"

"不会！"

"所以啊，比起发明炮烙之刑的纣王，比起把伯邑考剁成肉酱的纣王，更可怕，也更出人意料的是谁？"

"姬昌。""吃自己孩子的姬昌。"

"如果这个故事是真的，姬昌才是中国历史上第一恐怖的人！不过你们放心，姬昌吃伯邑考完全是后人编出来的。不过，能够编出这种故事的中国人，也是挺可怕的！"

最后这段话，他们听得似懂非懂，老师也说得很吃力。

好在将来有机会唤醒。当我们读到赵云激战长坂坡，糜夫人投身枯井的时候；当我们讲到刘邦于败军之际，数次将一双儿女推下战车的时候……

2014 年 11 月 26 日

很累很累的讲述

一、武王伐纣

丰京继位　姜尚、周公旦、召公奭佐之
初期会孟津："太子发"车载"西伯昌"木主东进　会诸侯观兵演习而归
囚箕子，杀王子比干，微子出奔
伯夷、叔齐叩马而谏
牧野之战　奴隶倒戈　鹿台自焚
定都镐京（陕西西安）　建周称天子

这是"武王伐纣"的板书。关于伯夷、叔齐有一番讨论，孩子们都很不屑这哥俩的迂腐。说到"奴隶倒戈"不免回顾上回书说到的"策反东夷"。而这也为下一讲"武王怀柔"政策之由来埋下伏笔，强调"定都镐京"是为将来讲"建立东都"埋下伏笔。丰京—镐京—洛邑建东都，其间透露的时世变迁及政治智慧是老师最近重读历史才"发现"的。

史书就在那里，而人只能看到自己愿意和有能力看到的部分。

二、周公辅成王（上）

若说"武王伐纣"讲得不太轻松，"周公辅成王"则可以称之为吃力。正是这种吃力，坚定了看云对于这种讲述的必要性的确信。

周公辅成王（上）
武王怀柔，封武庚为殷侯，管理朝歌及殷遗

管叔、蔡叔、霍叔于朝歌周围建立封国以监督武庚

　　伯夷、叔齐饿死于首阳　商人心有不服

　　封建，大规模分封亲属与功臣

　　武王治国2年而卒，成王诵13岁继位，周公辅成王

　　1．确立嫡长子继承制

　　2．（为贵族）制周礼　天子　诸侯　卿　大夫　士

　　3．（针对庶民）定刑律　"刑不上大夫，礼不下庶人"

　　"文王叫作姬昌，文王的次子武王叫作姬发，武王的弟弟周公呢，叫作姬旦……"上周二，附和老师说到这里的时候，下面起了窃笑。

　　老师于是在黑板上大书一个"旦"字，郑重地说："旦，是初升的太阳。周公名旦，还真不是偶然！想当年，牧野之战，正当商朝军队集中兵力力克东夷的时候，武王乘虚而入，侥幸获胜。虽然纣王自焚于鹿台，然而商的正规军还在，商的百姓也多不服输，加上伯夷、叔齐两大贤人叩马而谏、饿死首阳——这时的周，论地盘、论军力、论民众数量，都远不及商。刚刚入主东方，脚跟没有站稳的新兴的周，就像一叶扁舟，漂浮在汪洋之上。是周公让新兴的周免于倾覆，为周奠定八百年基业。

　　"周公几乎以一人之力，从政治、军事、经济、文化各方面重新打造了周朝。不仅挽救了新生的周朝，也对之后三千年的中国历史——包括我们今天的生活，产生了深远影响。没有周公，就没有礼乐，就没有我们今天的吟诵。周公将一种新的文明带给中国。这种文明，当时新鲜润泽，之后影响深远。'周虽旧邦，其命维新！'周公显示了人的生命可以达到的最高境界。孔子一生最崇拜的就是周公，周公是孔子心中的太阳，也是后人心中的太阳。清晨的太阳，温暖明亮了长长的一天，长长的历史。"

　　肃静。所有人抬起头来，瞻仰那个字——旦。

"纣王死了,可是他的儿子武庚还在,殷的军队还在,殷人依然怀念商朝。请问这个时候,能不能杀了武庚?为什么?"

"让武庚和殷的遗民住在一起,这是为了笼络殷的民心。这种迫不得已的怀柔政策潜伏着一个危险,是什么?"

"新周刚刚建立,还没有站稳脚跟,需要周的全体统治者齐心协力,一致对殷。管叔、蔡叔、霍叔围绕朝歌建立封国,目的是让他们监督武庚。然而这里面又潜伏了一个更大的危险,那是什么?"

"武王死了,成王还小。依照兄终弟及的旧例,该是管叔继位,偏偏武王又把辅佐成王的重任全权托付给周公!这时的周公看似位高权重,其实处境孤独、艰难!能理解吗?"

讲述几乎全部以问答的方式串联。一个问题抛出,往往先是沉默,然后是争论,而争论的结果,往往因为板书的提示得到统一。如此这般的讲述,自然推进得很慢。然而看云以为,如此才能够消解单纯告诉的枯燥,促使孩子与周公发生"设身处地"的连接。

三、周公辅成王(下)

昨天的讲述用时30分钟。

周公辅成王(下)

谣言四起,太公望、召公奭、15岁的成王诵疑之

周公出镐京,托政与太公、召公

武庚与管叔、蔡叔联合叛乱

1.应召回京 率师东征 三年平叛 杀管叔,流蔡叔,贬霍叔 封微子于宋

2.建东都(成周)于洛邑(洛阳),迁"殷顽"于东都

3.七年归政于成王

开头回顾上回书说:"武王怀柔主要是因为仁慈还是形势所迫?"

"形势所迫。"

"武王担心武庚反叛,所以怎么样?"

"让管叔、蔡叔、霍叔包围和监督他。"

"这可能又潜伏了更大的危险,那就是——"

"他们联合!"

"武王去世,几乎大权独揽的周公,还要面对更大的危险,那就是——"

沉默。

老师启发:"当时的重臣还有太公、召公,局势要求他们必须团结一心,共渡难关。可是周公的地位加上管叔的谣言,更可怕的是什么?"

"太公、召公叛乱?""不!是太公、召公怀疑周公!""成王也怀疑!"

"辩解没有用,安定团结第一重要。于是周公离开了镐京,把朝政和成王托付给了太公和召公。但他时刻盯着武庚和管叔一伙儿。后来的事实证明,真要叛乱的不是周公而是武庚和管叔,一切真相大白之后,成王想起了周公,召周公回镐京。周公回不回?"

"不回!""就不回!"对着已经记录的板书,他们愤愤地喊。

"呵呵!"老师知道,孩子"进入"周公了。

笑声中,他们惭愧地更正:"周公会回来。他是周公,他爱他的周。"

值得记录的一段讨论是:

"到殷的腹地建立东都,说明什么?"

"压住你!""我不怕你!"

"我想和你交心!都城是一国的心脏。我想和你交心!我愿与你共享太平!这和封微子是一个道理。平叛之后,周的力量壮大了,这时封微子于宋,是胸襟的展示,而胸襟是力量的更高体现。这就留下一个传统:恩威并重,以德服人。"

四、总结

今天上午，以政治上的六大发明为线索，总结"周公辅成王"上下两讲。总结以讨论方式进行，而讨论不过是变相的重复和灌输。今天灌输给孩子的是：

1. 确立嫡长子继承制，一定程度上消除了王位的争夺。

2. 在今天看来，"刑不上大夫，礼不下庶人"不公平，但三千年前的社会等级森严，武丁想要任用傅说还要借口天帝托梦呢，我们不能拿今天的眼光厚责古人。随着时代发展，原属于贵族的礼乐，可以带到民间呀，这件事由孔子完成了。原本用来治理庶人的刑律，也可以用到贵族身上，这叫作"王子犯法与庶民同罪"，这个主张由法家提出。古人解决古人的问题，我们的问题要我们自己解决。

3. 干大事，力量和胸襟一样重要。以力服人胜一时，得人心者得天下。最伟大的力量是把对手变为朋友。

4. 周公重新缔造了周王朝之后，成王也成年了，周公归政于王，这就为后世的托孤重臣树立了一个光辉的榜样。像周公一样的人还有谁？（诸葛亮！鞠躬尽瘁，死而后已）还有一个人也很崇拜周公，并且以周公自居，他就是曹操，不过当时的人们都不相信。

下午朗读《曹操放关》一段后，跳到下一篇《曹操横槊赋诗》，带领他们诵读《短歌行》，吟诵《短歌行》。这中间不免讲到：

"一沐三握发，一饭三吐哺。""鞠躬尽瘁，死而后已。""高处不胜寒，权重人孤独。"

"长坂救阿斗，曹操欣赏死了赵云！千里走单骑，曹操爱死了关羽！青青子衿，悠悠我心。但为君故，沉吟至今！山不厌高，海不厌深。周公吐哺，天下归心！"

"渴望理解，渴望信任。当成王怀疑周公的时候，周公写了《鸱鸮》表明心志，收在《诗经》里。和曹操一样，周公也是一位伟大的诗人！"

或者老师应该反过来说：和周公一样，曹操也是诗人。这又是周公留下的一个伟大的传统：人应该全面发展。"

试问话头何以这么巧都凑在一起？看云只能用伟大的勒瑰恩的话回答："好运乃因追随道而来。"

很累很累的讲述。五年级的孩子究竟能够吸收多少？如此沉重的历史是否应该加到他们的心头？看云不得而知。题目来自《永远讲不完的故事》之《很老很老的毛拉》。

2014 年 12 月 17 日

卸下讲述的负担

一

12月23日，星期二，讲述"共和行政"。

共和行政

　　成康之治　　　昭王

　　周厉王　　　专利法　　　荣夷公　　　《硕鼠》

　　召公虎：防民之口，甚于防川

　　卫巫监谤　　　道路以目

　　公元前841年　　　国人暴动　　　流厉王于彘

　　召公　　周公　　卫武公（共伯和）　　共和行政（功臣的责任）

　　公元前827年　　　太子静→周宣王

下面是刘传星的日记《共和行政》：

　　"成康之治，你们说成康年间的治理好还是不好？"我们回答"好"。"为什么？""治，成康之治！"我们说。

　　老师又问："周朝第十个王叫作周厉王，你们说他是好王是坏王？"

　　"坏王！"

　　"为什么？"

　　"厉！"

　　老师接着说：周厉王觉得天下都是他的，钱不够用，就跟荣夷公商量，荣夷公说大王可以设一个专利法，就是说，以后无论谁要砍柴、打鱼、打猎都要交钱给王。这个命令发布以后，国人从贵族到平民都恨周厉王。

召公说："你应该做一个好王。大家都在说你坏，你不能再这样下去了。"周厉王又和荣夷公商量。荣夷公说："我们可以派人到民间去，谁敢说你坏，就把他的舌头割掉！"

这样人们什么都不敢说，在路上遇见了只能互相看一眼，好像不会说话了。周厉王和荣夷公很得意，召公却说："防民之口，甚于防川。"意思就是你不让人们提意见，就像堵住了河水。然而河水是会暴发的。

果然，公元前841年，国人暴动了。于是召公把厉王流放于彘，并且把太子静藏在自己家里。愤怒的国人要斩草除根，召公爱国心切，忍着巨大的悲痛，把自己的儿子交了出去。

后来召公、周公、共伯和三个人共同行政。13年后，召公拥立太子静登基为王，这就是周宣王。

（刘传星《共和行政》）

回顾12月23日的讲述，看云不能忘怀的，是说到"道路以目""召公救太子"时教室里的沉痛和凝重。

"道路以目！这是沉默的火山，也是即将暴发的洪水。火山喷发、洪水决口的后果是严重的，会伤及众多无辜。厉王就算死了，也不能抵偿他的罪过，这就是罪不容诛的意思。"

"召公、周公一直都有，因为召公、周公是世袭的。召公奭、周公旦在为后世子孙挣得爵位的同时，也把一种责任传递给后代，就是到时候你要为国家挺身而出，迫不得已时还要牺牲自己或亲人的生命！谁让你是功臣呢？这就是享受尊荣的代价。"

那天我们还就故事结局做了一个兼具历史兴味和人生哲理的讨论：

"召公、周公、卫武公共和行政13年归政于太子静，13年中间没有人试图取代王位，也没有人猜忌三位执政者，这说明什么？"

"当时诸侯对周天子还是很尊敬的。"

"这就是西周，这种情形是后来的春秋争霸、战国争雄所不能比拟的。这份尊重是文武、周公用德行和智慧挣来的。国人暴动沉重打击了周天子的威信，幸亏三位功臣联手执政，才拯救了危局。如果后世天子再不珍惜，胡作非为，这种幸运还会再有吗？"

"不会。"

这是为下一讲做准备。承上启下的一段话，再次让教室气氛变得凝重。而这，正是历史讲述期待达到的境界。这一刻看云意识到：自己的历史故事讲述，其实也是每周一次的历史讲座。因为教师情感和体悟的浸润，历史故事也可以变成传奇，照亮五年级孩子的心田；因为教师情感和体悟的浸润，历史故事多了一些生命的温润，少了一些智性的僵硬。

> 经由人类智慧学，你再度学到了要相信传奇、童话与神话故事，因为它们是以想象性的图像表达了高层次的真理。于是，经由你，这些童话、传奇与神话，就再度充满了灵魂的特质。当你在诉说这些故事时，你的一字一句散发着你对这些故事的虔诚相信的心，便将真理带入了儿童的心，真理便在你与儿童之间交流，而一般的教学经常都是非真理在老师与儿童之间交流。只要老师这样想，"小孩们很笨，我很聪明，因为小孩相信童话故事，所以我得讲童话故事给他们听，这就是适合他们听的东西"，非真理就会立刻掌握了全局，当老师这样想时，所讲的故事就会立刻有一种智识性的元素注入其中。
>
> （斯坦纳《童年的王国》）

二

12月30日讲述"骊山烽火"——西周的终结。

骊山烽火

周宣王　　周幽王　　褒珦　　褒姒

虢石父　千金一笑　烽火戏诸侯　西戎侵镐京

（太子宜臼）周平王　镐京→洛邑　西周→东周

"褒姒为什么不对周幽王笑？"老师的提问，悄悄将不笑的原因指向周幽王。

"鄙视！"几个男生说。

"就是！鄙视！"全体女生强烈赞同。

"为什么？"提问甫一出口，老师就带着孩子一起回答，"因为周幽王没有廉耻，不明是非，不珍惜先辈的创业，不接受忠臣的劝谏。他呀，其实不配叫作真正的人。用孟子的话说就是——"

"无恻隐之心，非人也；无羞恶之心，非人也；无辞让之心，非人也；无是非之心，非人也。恻隐之心，仁之端也；羞恶之心，义之端也；辞让之心，礼之端也；是非之心，智之端也。人之有是四端也，犹其有四体也。"

先是参差不齐，然后——因为老师带领，全班正气浩然地诵完全段。

"这个故事让你们想起了哪个寓言？"

"狼来了！""牧童和狼。"

"有什么不同？"

"牧童骗了好几次。烽火戏诸侯一次就招来了西戎，诸侯被骗了一次就再也不相信烽火了。"

"这又是一则关于诚信的教训！历史和寓言，哪个更沉重、更真实？"

"历史。"

"记住烽火戏诸侯的后果，记住被骗的人没有再信你一次的义务！这叫什么？这叫作：'清斯濯缨，浊斯濯足矣。自取之也。'夫人必自侮，然后人侮之；家必自毁，而后人毁之；国必自伐，而后人伐之。"

"《太甲》曰：'天作孽，犹可违；自作孽，不可活。'此之谓也。"

全班齐声回答。语气之凛然仿佛那是他们自己的话。这一刻，我们和孟子融为一体。这一刻，看云对于"整体性"的教育原则有了真切的体验：

整体性就是生命性。

除非教师用自己的全部生命，自己和世界、和他人全部活生生的连接——为故事保鲜，否则故事就只是声音和字句而已。

三

2015年1月6日，星期二。

今天讲到了《负荆请罪》。因为老师自己觉得字迹不够醒目，所以看云读给孩子听。对于任何年龄阶段的人来说，对比有感觉的聆听和白纸黑字的阅读，前者不仅更轻松、更享受，所得滋养也更鲜活、更丰富。

这就是看云爱听小安、老君朗读的原因。即便没有讨论，"那个声音"，就已经传达出"那个人"与文本交流的结果。于是听者、读者——就都不是独学而无友，孤陋而寡闻了。

"孩子过早能读会写不是好事。"这是斯坦纳的观点。

也许汉字和斯坦纳所指的字母文字不同，但是我仍然相信：多多让孩子聆听，多多呵护孩子稚嫩的心智，迟一点让他们进行只用到眼睛和大脑的枯燥学习，是仁慈的，也是智慧的。

"完璧归赵、渑池会、负荆请罪，三个故事合起来也叫'将相和'。问：这件事发生在东周还是西周？"

"东周。"

"为什么？"

"东周的时候，诸侯打来打去，不尊重周天子。"

"好！东周又分为春秋和战国。再猜一次，'将相和'的故事发生在春秋还是战国？"

"战国，"他们想了想回答，"赵惠文王，秦王……"

"我们把两个版本的春秋五霸放在一起，他们分别是：齐桓公、晋文公、宋襄公、秦穆公、楚庄王、吴王夫差、越王勾践。而战国七雄则是七个强大的国家，齐、楚、燕、秦、韩、赵、魏，国君统统都叫王！听出什么来了？"

"从春秋到战国，诸侯国君从公变成王。"

"引起变化的原因有很多，我们知道的有两个重大事件：一是共和行政——"

"二是平王东迁。"

上午语文课上，如此这般的絮叨之后，老师说："今天本来要讲'管鲍之交'，可是现在我觉得，我们一次能够吸收一个故事就可以了。所以《负荆请罪》就是这一周的讲述。"

上一篇的题目是《很累很累的讲述》。写上一篇的时候，看云真是累得难以为继了。因为看云斤斤计较于"历史"二字，总想给孩子一个脉络。每次回顾和梳理脉络的时候，总不免遭受失望的打击；可是，当我说到一个具体故事，孩子又几乎从不让老师失望！

救赎和转机，总在你坚持到几乎绝望的时候到来。12月27、28日，看云用两天时间诵完《童年的王国》，读到仿佛特地为我而说的话：

> 现在我们再谈谈有关历史的教学。在孩子十二岁以前，应该只让他们对某些历史人物及历史事件有鲜活的生动的图像印象，而不是教他们按时间顺序看历史事件，让这些事件看起来好像是某一件事就是另一件事发生之后的结果，也就是我们今日的文化——很自傲的、自以为是实用主义式的历史观。这种"实用主义"的、浅薄的物理因果律式的历史观，令儿童无法理解，就像色盲的人无法理解颜色。

（斯坦纳《童年的王国》）

于是明白自己为什么那么累！然而如果不曾那么累过，看云又怎么知道斯坦纳是对的！从此以后，我的历史故事讲述或者历史讲座会轻松很多！然而这并不妨碍我同时努力给孩子一个大致的脉络——等待将来的重新唤醒。

"管鲍之交""唇亡齿寒""秦穆公和百里奚""宋襄公的仁义之师"……

"只让他们对某些历史人物及历史事件有鲜活的生动的图像印象，而不是教他们按时间顺序看历史事件。"

无疑，这个原则也适用于世界历史故事讲述。现在想来，事情原本就该如此。没有足够的珠子，成天捋那"串珠子的线"是徒劳的。看云所犯的错误，就是脱离具体生活的——教学抽象化、概念化的错误。

> 唐尧虞舜夏商周，春秋战国乱悠悠。
> 秦汉三国晋统一，南朝北朝是对头。
> 隋唐五代又十国，宋元明清帝王修。

这是五年级上册最后一个单元的朝代歌。这种巧合当然不是偶然。

2015 年 1 月 6 日

这正是历史的迷人之处

"骊山烽火"之后,"管鲍之交""秦穆公和百里奚""重耳流亡记"……由于不再纠结于理清历史脉络,讲述变得相对轻松。既然是历史故事,轻松只能是相对的。然而"不纠结"不等于"无主脑",春秋五霸就是这一段讲述的主脑。这里有私人感情的因素在:"礼崩乐坏"的同时,礼乐发展臻于烂熟——放射强烈回光的春秋,常令看云低回不已。

3月1日开学。今天是正式上课的第二天。这是讲述板书:

宋襄公的仁义之师
齐桓公(托付公子昭)——→宋襄公(立齐君,欲为霸)←——(反对)楚、郑

宋(伐)————→郑←————(救)楚

宋楚泓水之战
不击半渡　不鼓不成列　不重伤　不擒二毛

"讲和被拒绝,半渡而击被拒绝。就这样,人少势单,明明打不过楚军的宋军,眼睁睁看着楚军从从容容渡过泓水!死生一线,时不再来!涉水而来的,是步步逼近的死神!想想宋军将士,就这么眼睁睁看着死神步步逼近,他们是什么心情?楚军上岸了,队列不整,一片混乱。这是老天留给宋军的最后一次战机,最后一线生机——"

"赶紧出击啊!乘着楚军混乱。""打呀,不然就来不及了!"

"然而襄公却说:'闭嘴!你们这群不懂仁义的家伙!要打也要等人家排好队,做好战斗准备,否则怎么叫作仁义之师呢!'"

"唉!""这哪是打仗,是送死!""我的天!还有这样的!"与

宋军将士身心合一的男孩们扼腕叹息，"宋军太倒霉了！"

这是高潮。每次讲述都要有一处这样的高潮。"命悬一线"的关节点，全部故事"技经肯綮"之所在，孩子全部感情投注的地方，意识之光也必聚焦于此，从而于一瞥之际若有所见。

讲述围绕两个议题展开。讲述中不断叩问：

"你是否同意宋襄公为诸侯之盟主？"

"不同意，盟主本身要强大。""盟主该是大家心服口服承认的，不能谁反对就打谁。""更不可以拣弱国打。"

"你是否同情宋襄公的仁义之举？"

"不同意，既然是打仗，就该用智谋，怎么取胜怎么来。""宋襄公对敌人的仁义就是对自己人的残忍。""真仁义，就不会为了称霸打仗了。""太蠢了！"

"然而就是这个宋襄公，齐桓公将世子托付于他；也是这个宋襄公，临终嘱咐儿子厚待流亡的重耳，说重耳将来一定能够成为霸主！试问，这样的一个宋襄公，真的很蠢吗？"

……

"不击半渡、不鼓不成列、不重伤、不擒二毛，据说这是从商代到西周一直流传下来的战争规则，不成文的战争法，一种堪称高贵的骑士风度、贵族精神。不光中国古代有过这样的传统，欧洲古代的亚历山大大帝也是这样，宁可全军覆没，也绝不肯夜袭敌营。亚历山大认为：作战就该光明正大，用卑鄙手段偷得胜利的人，根本就没脸活在世上！这和宋襄公的至死不悔是不是有点像？

"当然，到了宋襄公所处的春秋时代，很多人都抛弃了这种光明和仁义。什么不击半渡、不鼓不成列，什么不重伤、不擒二毛！死生一线的战场上，坚持这些规则，往往等于自取灭亡。关于这一点，宋襄公不可能全然不知，但他就是不肯、不愿放弃对'仁义'的幻想！后世笑话宋襄公，骂他是猪的人太多，但也有同情、理解宋襄公的。

"所以啊，春秋五霸就有两个版本：一个版本是齐桓公、晋文公、秦穆公、吴王夫差和越王勾践；另一个版本是齐桓公、晋文公、秦穆公、宋襄公和楚庄王。这些怀抱同情的人，与其说是同情宋襄公，不如说是怀念那些永远逝去了的高贵、温暖、令人动容的战争规则：不击半渡，不鼓不成列，不重伤，不擒二毛。"

孩子的表情里没有了嘲笑。

"还有'不杀黄口'！就是战争中绝对不杀戮儿童。如果违反了这些，就算胜了，所有人也将看不起你。不但看不起，还会联合起来讨伐你！《三国演义》里的'来者通名，关某不斩无名之将'正是这种遗风的证明。今天的人们大多会笑话宋襄公。这种变化，真的是进步吗？"

沉默。也许更多的是困惑。

"没有实力却想称霸，自称仁义却专挑软柿子捏，该讲和时偏要以卵击石，迷信仁义而招致兵败。我们觉得他愚，齐桓公却相信他，部下也对他忠心耿耿——这种忠心耿耿和不离不弃，本身就是一种仁义。宋襄公真是充满矛盾，缺点多多！然而扪心自问，我们哪一个又不是充满矛盾，缺点多多？正是这些矛盾和缺点，构成了生命的精彩，历史的丰富。现在我问：不同意宋襄公名列春秋五霸的举手。"

多数同学举手。

"同意的举手。"

没有人举手。

"犹豫纠结的举手。"

剩下的同学全部举手。

"老师我也是犹豫纠结的一个啊。从年轻时候开始，一直纠结到今天！而这，正是历史迷人的地方。"

2015 年 3 月 3 日

这就是霸主

一

讲过宋襄公，感觉有必要说说"什么是霸主"。

看见板书题目的第一眼，孩子就笑了：

老马识途

诸侯盟誓：尊王　攘夷　扶助小弱

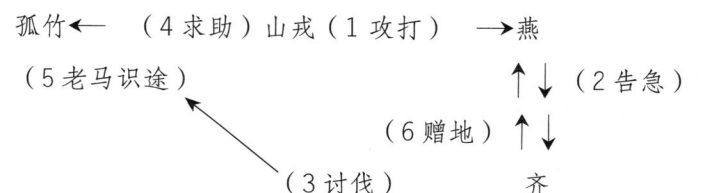

孤竹←　（4求助）山戎（1攻打）　→燕

（5老马识途）　　　　　　　↑↓（2告急）

　　　　　　　　（6赠地）↑↓

　　　　（3讨伐）　　　　齐

"老马识途"不过是个亲切的诱饵！开讲之前先做两件事：解释"中国"的概念和讨论三个问题：

一是周幽王死于何人之手？平王为什么东迁？这说明什么？（烽火戏诸侯，西戎杀幽王。少数民族是中原的"整体危机"。）

二是天子权威衰落带来哪些后果？（诸侯不敬天子，各国互相攻打，少数民族侵凌的危机加重。中原诸侯需要一位盟主主持公义，维持礼法，保家卫国。）

三是什么样的国君可以担当盟主或霸主？（国力强大，尊重天子，主持公道，愿意为"中国"的事出力。）

大前提确立之后，讲述正式开始。

"烽火又起，山戎来袭！看看燕国所处的地理位置，我们一定会跟齐桓公一样着急，为什么？"

"燕国被灭，山戎就会从这个缺口打进中原！"

如此这般的讲述，由一系列讨论贯穿，为的是辅翼中心议题，让"霸主"一词在孩子那里变得真实可感、丰满有力。每当讨论取得共识时，老师都会充满情感地说一句："这就是霸主！"

"为什么燕要向齐告急？"

"他是盟主，盟主有这个责任！"

"这就是霸主！做盟主是否只意味着尊荣和威风？"

"盟主要为大家出力，还要做出牺牲和承担风险。"

"何以见得？"

"齐桓公亲征山戎，一直打到孤竹。要不是'老马识途'，桓公、管仲都被困死在旱海里了！"

"这就是霸主！征讨山戎、孤竹取得的广大土地，应该归谁？"

"燕国！因为这里离燕近。有了这些地，燕才能更好地抵御少数民族，守卫中国。齐桓公一定会这么做的！"

"这就是霸主！"

讲述的高潮在最后。

老师一边讲一边缓缓步出教室："燕君牵着桓公的手，送了一程又一程。看见没有？门槛就是燕齐的边境。山高水远！千言万语也说不尽燕君由衷的感激、敬佩和信赖啊！不知不觉，他们走出了燕，进入齐国境内。桓公说：'天子立下礼法，诸侯相送不能出境。你已经违背礼法！是我让你做下了无礼的事！怎么办？'"

"把这块地送给燕！"有孩子喊。这一刻，他与桓公身心合一。

定定地站在教室门外，保持着执手相送的庄严姿态，老师长久静默地看着教室里的孩子们。

"把地送给燕国！""把地送给燕国！""把地送给燕国！""把地送给燕国！"重复着，重复着——他们沉静下来。这种静由外向内渗进心底，一股肃穆又温暖的奇特感觉浸润了全班。静穆中，孩子们遥遥地看着伫立门外的老师——像是隔着 2500 年光阴，遥望一座字迹斑驳的古碑，一道河水侵蚀的中流砥柱。

"这就是霸主。"老师轻轻地说，"所以啊，孔子赞同齐桓公的霸业，更敬佩辅佐桓公成就霸业的管仲。孔子说：'微管仲，吾其披发左衽矣！'意思是说，如果不是管仲和齐桓公，中国文明早在 2500 年前就被蛮族消灭了，从孔子时代就没有了'关关雎鸠'的吟唱，而我们的祖先呢，早就披头散发，围着篝火——"

"嗷呜——嘞嘞嘞嘞！嘿！嘿！嘿！嘿！"

二

"二十三年，山戎伐燕，燕告急于齐。齐桓公救燕，遂伐山戎，至于孤竹而还。燕庄公遂送桓公入齐境。桓公曰：'非天子，诸侯相送不出境，吾不可以无礼于燕。'于是分沟割燕君所至与燕。"

2013 年寒假，读《史记·齐太公世家》至此，看云唏嘘不已！

如果没有类似的温暖"光照"，历史不过是一堆陈旧的账簿而已。

韦伯说，人需要活在为自己编织的意义织网中。

这样的讲述及记录于学生有多少意义？看云不得而知。能够确信的是，老师自己需要这样的光照和编织。

而真实的讲述则是一段摸索的路程，绝对不似文字整理的畅达、确定。

很多课堂，都是在讲过尤其是在写过之后，看云才知道当初应该怎样讲。

即便如此，临到进入课堂，完美的备课还是会遭遇一定程度的不确定性。而教师必须适应、悦纳这种不确定性。如其本然地当这种不确定性是一种恩赐。

2015 年 3 月 11 日

养由基和孙叔敖

养由基与孙叔敖

晋楚城濮之战

楚庄王　令尹　斗越椒

贯革之射　射甲彻七札　"养一箭"

六艺：礼　乐　射　御　书　数

挂起板书，娓娓道来：商汤和伊尹、文王和姜尚、武丁和傅说、齐桓公和管仲……借着有人观课他们格外专注的机会，从"明君与贤相"的角度梳理以往所讲，迤逦叙到今天："城濮之战，晋国成为诸侯的盟主，楚成王抱憾而逝。后来，楚成王的孙子楚庄王做了楚君……"

"楚庄王一鸣惊人！"王曼林说。

"对！"老师赞许地回应，"我知道你在读《上下五千年》。'楚庄王一鸣惊人'我们下周讲。在讲'一鸣惊人'之前，我们今天先讲楚庄王的两个得力帮手，武士养由基和相国孙叔敖。"

"养由基百步穿杨，孙叔敖杀两头蛇！"康玟君说。

"对！这是我们三年级讲的成语故事中的一个。回忆一下，养由基在表演百步穿杨之前正在干什么？"

"读书。"王林森说，大家笑。

"是的！对于一个远程射手来说，差之毫厘就会谬以千里，所以神射手第一需要的是有一颗高度沉静的心，而修炼沉静功夫的最好方式就是——"

"读书！"

这又是顺势发挥，是讲给在座天天让孩子背书却不带着孩子做的一个人听的。

解释"令尹""斗越椒""贯革之射"；关于孙叔敖，老师则把热情的赞扬献给了他的母亲。

"孙叔敖哭了。不是因为怕死，而是因为再也不能陪伴母亲，不能在母亲膝下尽孝。身为一个孝子，孙叔敖知道自己的死会给母亲带来多么巨大的痛苦！母亲却自豪而确定地说：'不要哭！你不会死的！在自己面临死亡的时候，你还能杀死两头蛇以免别人受害，这是多么强大的善良、勇敢和冷静！就凭这股强大的正能量，你一定能长寿而且会对社会做出很大贡献！'"

第一轮讲述结束，让他们安静地抄写板书。

"这是呼吸，不仅可以帮助记忆，还可以为第二轮的聆听做准备。"

抄好再讲"养一箭"的由来，隔河对决的礼乐背景。

因为"贯革之射"和"彻七札"的预先铺垫，"斗越椒轰然倒地，整个叛军一时作鸟兽散！"这一段自然能令学生如临其境。

贵为令尹的斗越椒何以愿意屈尊和下级军吏养由基单挑？

这就连带出在那个时代的贵族教育。从天子、诸侯、卿、大夫到最低级的贵族"士"都要学习六门功课：礼、乐、射、御、书、数。这是培养全面发展的人的教育，《空城计》中城楼抚琴的诸葛亮以及城下听音的司马懿都是受这种贵族遗风熏陶的成果。

然后就转到本节课。这节课的内容恰好是屈原投江。

前两周讲述的是"退避三舍"和"晋文公谲而不正"。

2015年3月31日

从伍员到孔子

一

先看三篇日记:

秦哀公有个妹妹——孟嬴,她美若天仙。秦哀公准备把自己的妹妹嫁给楚国的太子建。好,我们的故事开始了。

迎接孟嬴的是大臣费无极。费无极看见这个人见人爱、花见花开、车见车爆胎的大美女孟嬴时,脑子里冒出了一个主意来讨好他的主子楚平王。他把服侍孟嬴的漂亮姑娘带到了太子建那儿,告诉他:"This is(这是)孟嬴!"之后又把真正的孟嬴偷偷摸摸献给了楚平王。

太子是什么?是未来的王呀!费无极心里也怕呀!这要是穿帮了,自己的脑袋不得搬家呀!事情已经做了,也没法子了,他做了一个可怕的决定:除掉太子!

费无极不是傻瓜,他知道要除掉太子,就要先除掉太子的老师伍奢和他的两个儿子伍尚和伍员。伍尚和伍奢被杀了,而伍员,也就是伍子胥,带着太子建远走他乡。

伍子胥带着太子建先后流亡到宋国、郑国,太子建在郑国因为参加叛乱而被杀死,而伍子胥带着建的儿子胜离开郑国继续流亡。

费无极吓出了一身冷汗,他立刻在各地贴上伍子胥的画像,悬赏捉拿伍子胥。伍子胥带着公子胜来到了吴楚交界的昭关，可是伍子胥过不了昭关，因为昭关贴满了他的画像。他只好先在东皋公家住下。他想起费无极，想起伍奢、伍员，想起太子建，想起昭关……天亮了，东皋公看见他，吓了一跳，伍子胥的头发一天之间尽愁白！

东皋公找来长得很像伍子胥的皇甫纳，又叫满头白发的伍子胥把脸涂黑，然后让他们三人一起过昭关。军士们都以为皇甫纳是伍子胥，个个十分兴奋。直到伍子胥趁乱过了昭关，皇甫纳还在那喊："我不是伍子胥！我是皇甫纳！不信你去问张三，去问李四，去问那边的王二麻子！"

后来，伍子胥到了吴国，全力辅佐吴王阖闾，使吴国像面包发酵似的强大起来啦！

（黄昕茹《伍子胥过昭关》）

对于星期二老师讲的故事，我查阅了《吴姐姐讲历史故事》，发现其中有几处不吻合的地方：

老师没有详细讲伍子胥是如何和专诸认识的，但是吴姐姐却详细地写了：专诸是一条好汉，喜欢打抱不平，但是最听母亲的话。只要母亲发话，就立刻返回。伍子胥和专诸一见如故，当时就结为异姓兄弟。

老师说专诸是个烤鱼的能手，但是吴姐姐却说："专诸本来不会烤鱼，是去太湖边上跟师傅学了整整三个月，才把鱼烤得香嫩鲜美。"

老师有两处细节没有讲：一是在公子光宴请王僚的宴席上，每个送食物的人都要搜查全身；二是专诸在刺王僚的时候，鱼肠剑整整穿过了王僚防身的三层坚甲背心，匕首透出脊梁杀死了王僚。

希望老师下次能够讲得具体些。

（王林森《专诸刺王僚》）

老师讲了一个故事：公子光杀了吴王僚，当了王，但他怕吴王僚的儿子庆忌报仇，就问伍子胥还有没有可以把庆忌杀掉的刺客。伍子胥说："有一个叫要离的刺客。"伍子胥把要离带了上去，吴王一看，他竟是一个又矮又丑的人。要离说："庆忌非常厉害，可以赤手空拳打死几只老虎，想杀他就要获取他的信任。"

要离就让吴王斩断自己的右胳膊，然后假装投靠了庆忌，庆忌看到他的胳膊都断了，就相信了他。过了一段时间，庆忌完全信任要离了。

有一次在船上，要离拿着一个矛，庆忌在指挥船队，要离在后面用力往庆忌背部捅了一下，直接把庆忌的身体捅穿了。可是庆忌还能动，他把要离倒拎着往水里一淹，再提上来，这样弄了三次，然后把他扔到了船头。庆忌说："我死后，不要杀要离，他是个勇士。"说完这一句他就死了。后来要离觉得很没面子就自刎了。

我觉得要离和庆忌都是英雄。要离很厉害，不怕死；庆忌大度，武功高强。我觉得吴王把庆忌的父亲给杀了，还要杀庆忌，吴王好像有点过分了。

（尤毅晗《要离刺庆忌》）

二

事先没有计划，基本跟着感觉走。可是我怎么也不会想到，讲述会在伍员这里停下来。

"伍子胥过昭关""专诸刺王僚""要离刺庆忌""孙武练兵""申包胥哭秦庭""伍员之死"……这一幕幕惊心动魄的历史大剧，都发端于一个人的复仇之心！今天，当我带着孩子从"哀公嫁妹"开始简略回顾六周所讲，不禁慨叹：历史的天空闪烁几颗星，人间一股英雄气，在驰骋纵横！

伍子胥、专诸、要离、庆忌、孙武、申包胥、文种、范蠡，这是一串令人难忘的名字，电光石火般划过历史的长夜，亮在孩子的心中，在他们那里激起敬佩、同情或叹息；至于楚平王、费无极、伯嚭，他们的龌龊、残酷、贪婪也与他们的可耻下场一起，带给孩子强烈的道德震撼。

都有理由得到王位的公子光和吴王僚，同样要报杀父之仇的伍员和庆忌，亲情、友情交战于心的专诸和要离，以同样的决心致力于灭楚复楚的伍子胥和申包胥——两种合理的诉求彼此交锋、互相搏杀，此时，悲剧就产生了，真实的思考也随之发生。

"你们是否同意伍子胥的报仇雪恨？"

"同意！"

"就算灭掉故国、伤及无辜也同意？"

"同意！"

"为什么？"

"要不怎么办？""谁让楚平王是王！""就是要让以后的王害怕！"

"在遇到公子光之前，伍子胥靠着吹箫卖艺度日，这让我们想到了什么？"

"六艺。""礼、乐、射、御、书、数！""伍子胥能文能武，多才多艺。""报仇就要有本领。"

"流浪隐居的日子里，他结识了哪些不同凡响的人物？"

"专诸、要离、孙武。"

"这说明什么？"

"英雄爱英雄。""一个好汉三个帮。"

"你们怎么看待申包胥和伍子胥之间的约定？"

"他们的友谊和管鲍之交一样出色！""该报仇的报仇，该报国的报国，他们都尽到了自己的责任！"

"孙武、范蠡功成身退，飘然而去。孙武留下了《孙子兵法》，范蠡留下他和西施的传说。对于孙武、范蠡来说，这固然是一种智慧；对于后人来说，这样做的贡献更大！相比之下，伍子胥、文种的结局多么令人叹息！兔死狗烹，鸟尽弓藏，这样的事件一再上演！你们有何感想？"

"君王从来都是可以共苦不可以同甘的。""不要轻易相信君王！"

三

至于"伍员之死"，老师略过他们熟知的"卧薪尝胆"，而强调"勾践尝粪"所隐含的深意。再三再四，老师将伍子胥的话印在孩子的心中："尝人粪便不合情理，虽亲生儿子也不能做，不该做！如果有尝人粪便的事情发生，原因只能是两个：要么怀抱大恨，要么心理变态。所以，面对不合常情、违反自然的事情，我们一定要警惕！夫差是个有缺陷的常人，而勾践，则绝对令人恐怖。无论后来越国取得了怎样的胜利，就凭尝人粪便这样的行为，他就不配称为英雄！"

孩子们点头，吐着舌头，面呈厌恶与惊愕。

四

再次回顾"两种说法的春秋五霸"，并按时间顺序将他们排出："齐桓公、宋襄公、晋文公、秦穆公、楚庄王、吴王阖闾、越王勾践。"

"从中你们读到什么信息？"

"前面四个都是公，后面三个都是王。越到后面越不尊重周天子了。"

"这就是战国七雄的国君都叫王的原因。"

这也是一段"中国疆域""中国概念"的演变史啊！老师在心里说。比起潜藏心里的历史脉络，老师更必须怀抱在心的，是历史对我们的意义，历史和我们的连接。否则，上下五千年不过一堆凌乱的古董而已。

后面两周讲述《子贡出使》和《孔子兴学》。《子贡出使》由"前段书说"引出,《孔子兴学》是最后一个。

伍子胥、专诸、要离、孙武、申包胥、文种、范蠡都是士。伍子胥针对楚王的报仇雪恨意味着士的崛起。

"士志于道。"在士和道之间建立起历史连接,从而生成中国文化的独特传统,则是孔门之教的最大成果。

看云自知:涌动贯穿于如此这般的历史讲述的,有伍员的热血,也有孔子的情怀。

2015 年 6 月 2 日